KB270840

합기도

상

첫걸음에서 2단 과정의
모든 기법을 사진으로 소개한

합기도 

상

권중기 지음

이담 Books

합기인의 맹세

하나,

땀은 나를 위하고 눈물은 형제를 위하며 피는 조국을 위하여
흘리며 참된 사회의 역군이 될 것을 나는 맹세한다.

하나,

물질의 가난함을 서러워하지 않고 정신과 신체의 허약함을
서러워하며 근면하고 성실하게 살아갈 것을 나는 맹세한다.

하나,

우러러 하늘에 욕되지 않고 굽어서 땅에 부끄럽지 않고
예와 도를 지키는 참된 합기도인이 될 것을 나는 맹세한다.

무림 사도 정신

무도인의 긍지와 투철한 국가관 속에서 오로지 한 스승만을 섬기고 따르며, 스승의 기법은 물론이며 그의 사상과 정신을 계승하여 지속적인 수련에 임하고, 어떠한 경우에도 스승의 하문에 거역하지 않는 무림계의 제자로서 정도를 지키는 영원불변한 정신.

추천사

　본인은 이 책의 저자인 권중기 7단에게 중학교시절부터 합기도를 지도해
온 사람이다. 지난날을 돌아보면 저자는 남다른 의욕과 열정으로 문무(文武)
에 심혈을 기울였으며, 특히 지난해 이학박사 학위를 취득한 결과는 나에게도
영광스러운 일이 아닐 수 없다.

　또한 각고의 숨은 노력으로 합기도 서적이 출판된 것은 나의 기쁨과 더불
어 우리 선무관의 자랑이며, 나아가 합기도 발전의 밑거름이 될 것을 확신한다.

　이 책의 출판을 계기로 사회적으로는 합기도 수련자의 증가로 연결되는 전
환점이 조성되기를 바란다. 또한 이 책에 수록된 합기도만의 정중한 예법과
타 무도와의 차별화된 독특한 기법을 통하여 합기도를 배우고자 하는 사람들
과 일선지도자 모두에게 권위 있는 지침서로 활용되기를 바란다.

　끝으로 이 책이 완성되기까지 불철주야 협력을 아끼지 않은 합기도 선무관
의 관장·사범들의 노고를 진심으로 치하한다. 특히 안원표 관장과 두 사람
의 변치 않는 의를 바탕으로 장차 더욱 크고 값진 일을 해내리라 믿으며 추
천사를 갈음한다.

2009년 8월
재단법인 국제연맹 합기도협회
선무관 총본부 총관장 도선 9단 윤경한

추천사

  합기도는 승패를 가늠하기 위함 보다는 호신무술로써 단련하는 데 의의가 큰 무도입니다. 외적으로는 부족함 없는 예와 의를 바탕으로 강인한 체력향상과 자신감을 배양하고, 내적으로는 불굴의 인내력과 건전한 사고력을 증진시켜서 사회적인 정도를 지향하는 정통호신무도입니다. 이와 같은 맥락에서 오늘날 다양한 종류의 레저스포츠 및 생활체육활동이 존재하지만 합기도의 궁극적인 가치와 위상은 끊임없이 높아질 것으로 생각합니다.

  이 책의 저자인 권중기 박사는 저의 제자임과 동시에 일선현장 지도자로서 합기도의 보급과 발전을 위해 불철주야로 노력하는 진정한 무도인으로 확고한 자리매김을 하고 있습니다. 또한 합기도의 우수성을 학문적으로 연구하고 체계를 확립하기 위한 열정으로, 만학에 도전하여 국민대학교 대학원에서 이학 박사학위를 취득한 결과는 명실공히 문무를 겸비한 참다운 지성인임을 단적으로 입증하는 것입니다.

  특히 이번에 합기도 전 과정(초급~4단)의 기법을 체계적으로 집대성하여 상·하권을 출간하게 된 것은 우리나라 합기도발전에 크게 기여한 것으로 평가하며, 이는 호신무도로 각광받는 합기도의 가치를 높이고자 하는 권중기 선생의 열정과 성실한 면을 엿볼 수 있는 대목이라 사료됩니다.
  제자의 열정과 노력이 그 결실을 보게 되어 진심으로 축하의 메시지를 보내며, 향후 권중기 선생의 훌륭한 성장과 발전적인 행보를 기대합니다.

인천대학교 예체능학부
교수 양창수

요즘 무도가 소수의 마니아층들에 의해 엄격하게 실행되어 왔던 그동안의 한계를 벗어나 생활체육으로서 대중들에게 널리 보급되고 있다. 합기도 역시 이러한 추세에 힘 입어 초등학생부터 청소년 그리고 성인에 이르기까지 다양한 계층으로 확산되어가고 있다.

합기도는 보면서 즐기기 보다는 직접 익히고 행하는 무도이자 스포츠로써 자기방어능력뿐만 아니라 심신의 조화로운 수련을 할 수 있고, 자신의 체력에 맞게 상대와 겨루기도 하면서 자신의 실력이 향상되어가는 성취감도 느낄 수 있는 좋은 운동이다.

합기도가 빠르게 대중화되어감에도 불구하고 수련자들을 위한 지침서나 지도서가 양적·질적으로 부족한 것이 사실이다. 합기도의 특성상 수련생들은 지도자에 의한 수련도 중요하지만, 수련생 스스로 익히고, 터득하는 것 또한 매우 중요하다.

이 합기도교본은 수련의 기초 과정부터 단(段) 수준에 따라 체계적으로 기법을 익히고 가르칠 수 있도록 새롭게 해법을 제시한 지침서라고 할 수 있다. 이 교본은 합기도를 사랑하고 합기도에 대한 열정과 자부심이 높은 저자가 그동안 현장에서 직접 가르치고 연구한 모든 것들이 인쇄되어서 나온 것이기 때문에 합기도를 배우는 이나 가르치는 사범 모두에게 유익하고 권위 있는 지침서가 될 것이다.

이 책의 저자인 권중기 관장은 합기도의 실력자일 뿐만 아니라, 체육 분야의 학문적인 연구도 열심히 하는 체육학박사이다. 대학원에서 공부를 늦게 시작하였지만 그 누구보다도 향학열이 높아 낮에는 합기도 지도에 전념하고, 밤에는 학문에 정진하여 석사와 박사학위를 취득하였으며, 현재 대학에서 강의도 하고 있는 학자이기도 하다.

동선시(動善時)란 말이 있다. 즉, 움직임에는 때가 있다는 것이다. 그동안 합기도를 꾸준히 수련하고 지도해 왔으며, 이와 함께 주경야독의 학문탐구를 통해 쌓아온 저자의 내공이 이제 때를 만나 합기도교본이라는 서적으로 세상에 표출되었다.

합기도 분야에서 흔치 않게 실기와 이론을 겸비한 권중기 박사의 이 책이 합기도를 배우려는 수련자와 가르치는 지도자 모두에게 금과옥조와 같은 지침서가 되길 바라며, 그동안의 노고에 심심한 사의를 표한다.

2009년 11월
국민대학교 체육대학 학장
교수/Ph.D 신 승 호

머리말

국내에는 다양한 종목의 무도가 자생하고 있으나, 대한민국을 대표할 수 있는 공인 무도종목은 합기도를 비롯한 검도·태권도·유도임은 누구나 부인할 수 없는 사실일 것이다. 특히 이 중에서 합기도는 국민건강과 호신의 목적으로 대중들에게 많은 사랑을 받으며 꾸준히 전수되고 있다. 또한 합기도 및 호신술과 관련하여 적지 않은 단행본이 출판되어 합기도에 관심을 기울이는 사람들에게 도움을 주었다.

이와 같은 선행 출판물들은 초급자가 이해하기에는 다소 어려운 부분이 많았다. 이에 본 저자는 각각의 기법에 대한 이해도를 높이고자 자세한 사진으로 제시하고 정확한 해설을 통하여 누구나 쉽게 이해할 수 있도록 집필하는 데 나름의 열과 성을 다하여 본서를 완성시켰다. 그러나 저자의 능력이 닿지 못하여 잘못 오해되는 부분이 없기를 바라지만 혹 잘못된 부분이 있다면 이는 모두 필자의 책임임을 밝힌다. 또한 독자와 합기도계 선·후배의 조언과 지적을 겸허히 받아들여 부족한 부분에 대한 수정·보완을 거쳐서 출판할 것을 약속드린다.

여기에 소개된 모든 기법은 저자의 합기도 은사이신 선무관 총관장 윤경한 님께 전수받은 내용을 체계화시켰음을 밝혀 두는 바이다. 그리고 이번에 발간하는 합기도 교본(초급~2단 과정)을 시작으로 3, 4단 과정까지의 후속 단행본을 출판할 것을 밝혀 두고자 한다.

　본서는 합기도에 관심 있는 독자와 일선합기도 도장의 수련생과 지도자 그리고 대학 교양수업 및 전공 합기도수업 등에서 교재로 활용 가능하도록 기초과정에서부터 체계적으로 구성되었으며, 여기에는 합기도와 관련된 용어와 기초 지식을 정리하여 누구나 쉽게 볼 수 있도록 총 2부 12장으로 구성하였다.

　제1부에서는 합기도 수련에 입문하여 배우게 되는 초단과정을 소개하였다. 세부적으로 제1장에서는 초급자가 반드시 알아야 할 합기도에 대한 개념과 도복 착용법 및 정리하는 방법과 예법에 대하여 기술하였으며, 제2장에서는 합기도의 기초 수련과 관련된 단전호흡법, 삼대원리, 기본타법에 대한 정의와 방법으로 구성되었으며, 제3장에서는 발차기와 관련하여 설명하였고, 제4장에서는 체조기능, 제5장에서는 낙법, 제6장에서는 합기도의 꽃이자 대명사로 불리는 호신술에 대한 기법을 자세하게 구성하였다.

　제2부에서는 합기도 초단 승단심사에 합격해서 전수받는 2단 과정을 소개하였다. 제1장에서는 삼대원리의 복식기법에 대하여 설명하였고, 제2장은 특수 발차기, 제3장은 고공 낙법, 제4장은 응용체조기법, 제5장은 유단자 호신술, 제6장은 무기술로서 봉술기법에 대한 예법을 시작으로 막기·치기·찌르기·돌리기에 대한 기법을 체계적으로 수록하였다. 이상 모든 기법을 보다 체계적으로 구성하고자 다양한 각도에서 촬영된 사진을 자세하게 설명하여 독자들의 이해도를 높이고자 저술하는 데 노력하였다.

또한 부록 1에서는 합기도 승급 및 승단에 적용되는 심사규정을 제시하였고, 부록 2에서는 합기도 대회에서 적용되는 각각의 기법에 대한 경기규칙과 관련된 전반적인 사항을 기술하였으며, 부록 3에서는 신체 급소도표(전·후)에 대한 명칭을 그림과 함께 제시하여 본문에 기술된 급소명칭에 대한 이해도를 높이고자 하였다.

이렇게 완성된 본서가 합기도를 연마하고자 하는 독자와 일선 지도자들이 직면한 어려움에 도움이 되기를 바라며, 나아가 합기도 발전에 작은 보탬이 되기를 희망한다.

언제나 혼연일체가 되어 본서의 완성을 위해 수고를 마다하지 않은 나의 오랜 친구인 안원표 관장과 우리들의 제자인 합기도 선무관의 관장·사범(박도현, 황정순, 여향미, 김진영, 이문섭, 박성우, 오성민, 이장수, 고동진)들의 고마운 마음을 이곳에 새겨 두고 그대들의 창대한 미래에 아낌없는 건투를 빈다. 끝으로 본서가 세상 밖으로 그 모습을 드러낼 수 있도록 도움을 주신 한국학술정보(주)의 출판사업부와 디자인편집부 관계자들의 수고에 감사의 마음을 전한다.

2009년 무더운 여름날
저자 권중기

본 교재의 완성을 위하여 수고해 준 모델 소개

관장 안원표   관장 박도현   관장 황정순   사범 여향미

사범 김진영   관장 이문섭   관장 오성민   사범 박성우

사범 이장수   사범 고동진

저자의 합기도 은사

목 차

제1부

>> 1단 과정에 들어가며

　　제1부에서는 합기도 수련에 입문하여 초단과정, 즉 무급에서 초단 승단과정에 이르는 모든 기법을 초보자가 쉽게 이해할 수 있도록 비교적 자세하게 소개하였다. 이들 내용을 구체적으로 설명하면, 먼저 제1장에서는 합기도에 관한 기초적인 지식, 가장 기초적인 수련내용인 도복 착용 및 띠 매는 방법, 수련이 끝나고 다시 정리하는 방법, 합기도 예법의 종류와 방법에 대해서 기술하였다. 제2장에서는 합기도 수련의 기초적인 기법이라 할 수 있는 단전호흡법, 삼대원리, 기본타법으로 구성되었다. 제3장에서는 합기도의 기본적인 발차기를 소개하였으며, 제4장에서는 체조기능을 다루었다. 그리고 제5장에서는 낙법의 개념과 종류에 대하여 상세하게 소개하였으며, 제6장에서는 호신술의 기초에서부터 각각의 급수에 맞는 기법을 단계적으로 소개하였다.

제1장 합기도 수련 입문

1. 합기도란 무엇인가?
2. 수련의 첫걸음
3. 합기도의 예법

제1장 합기도 수련 입문

1. 합기도란 무엇인가

합기도는 오랜 역사와 전통을 자랑하는 무도임과 동시에 우리 민족의 얼과 혼이 담긴 정통 호신무도이다. 예의를 존중하고 정의를 실현하는 합기도 정신은 불의와 타협하지 않으며, 자신을 인내하고 다양한 기법을 단련하는 가운데 흘리는 땀방울을 토대로 인격·정신수양 및 신체단련을 추구하는 무도이다.

또한 합기도는 투철한 국가관 속에서 인간의 손과 발 그리고 전신의 근육과 관절을 움직여서 온몸의 힘을 과학적인 원리를 통하여 다양한 기법으로 승화시키는 첨단화된 심신단련 무도이다. 이와 같은 합기도(合氣道)를 문자 그대로 해석한다면, 합(合)은 합한다, 모은다, 뭉친다는 뜻이며, 기(氣)는 힘을 상징하며, 도(道)는 인격완성의 길, 인간다운 길, 즉 합기도 수련을 통한 사회적인 올바른 길인 정도(正道)를 의미한다.

다시 말해서 합기도란 하늘(天), 땅(地), 사람(人)의 힘(氣)을 하나로 모아서 원(圓), 유(流), 화(和)로 대표되는 삼대원리를 활용하는 공격무도가 아닌 순수 방어를 목적으로 이루어진 우리 민족 고유의 전통호신·호국무도라고 정의할 수 있다.

합기도에 대하여 약간의 지식이 있다는 사람들이 흔히 말하기를 합기도는 타 무도의 다양한 기법을 합쳐 놓은 종합무술이라고 한다. 그러나 본서를 접한 독자들께서는 이후에 그와 같은 질문을 받는다면 더 이상의 혼동이 없기를 바란다.

2. 수련의 첫걸음

1) 도복착용 및 띠 매는 방법

합기도 수련 시 착용하는 복장의 명칭을 과거에는 수련복 혹은 단련복이라

불리었지만 현대에 이르러서는 도복이라는 호칭으로 널리 사용되고 있다. 일
반적으로 합기도 수련에 입문하면 맨 처음 도복과 띠를 바르게 착용하는 법
을 배우게 되는데, 그 방법을 소개하면 다음과 같다.

사진해설: 먼저 도복을 단정하게 착용한 후 (《사진 ①》)과 같이 띠를 허리에 감아
이름 있는 쪽을 좌수로 잡은 다음. 우수에 잡은 띠를 좌측 허리에 두 번 꼬이지 않
게 돌린 후 우수에 잡는다(《사진 ②》). 우수에 잡은 띠를 두 번 돌린 부위의 정중앙
밑에서 위로 올린 후 좌수로 잡는다(《사진 ③》). 이름 있는 부위를 우수로 잡고 좌수
에 잡힌 부위를 감아 양수로 잡아 좌우로 당겨 맨다(《사진 ④》). 위와 같은 순서에
맞게 바르게 맨 띠는 《사진 ⑤》와 같다.

2) 도복과 띠 정리하는 방법

　합기도 수련이 종료되면 도복과 띠를 탈의하여 바르게 정리하는 것도 수련의 일부분이라 할 수 있다. 따라서 이 방법을 아래 사진의 순서에 맞게 소개하고자 한다.

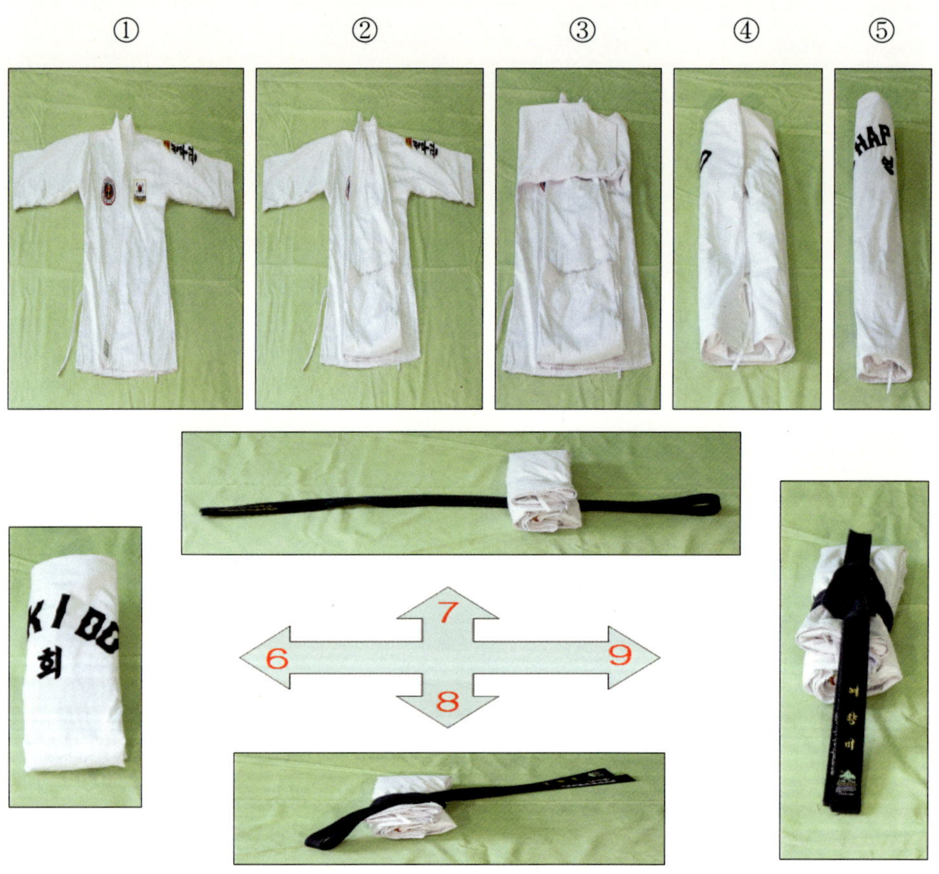

쪽을 감아서 묶은 후 상하로 당기면 완성된 《사진 ⑨》처럼 반드시 이름이 앞으로 향하게 되어야만 도복과 띠를 바르게 정리했다고 할 수 있다.

3. 합기도의 예법

합기도를 비롯한 모든 무도는 '예시예종' 즉, 예로 시작해서 예로 끝난다고 무수히 강조하고 있다. 이러한 내면적인 이유는 무도에서 예를 중요시하지 않으면 한낱 싸움기술에 불과하다는 것이 그 이유가 될 것이다. 또한 합기도의 기법은 크게 살법과 활법 그리고 예법으로 구분할 수 있는데, 그중에 으뜸이 바로 예법이다. 합기도를 포함한 우리나라 무도에서 강조하는 기본적인 3대 예를 소개하면 아래와 같다.

첫째, 국가 대 예: 국기에 대한 예를 말한다.

둘째, 사부 대 예: 스승에 대한 예를 말한다.

셋째, 상호 대 예: 선·후배 및 동료에 대한 예를 말한다.

본 장에서는 합기도의 예법에 대하여 자세히 소개하고자 한다. 합기도 수련에서 행해지는 예법의 형태는 입례와 좌례로 구분된다. 여기서 입례는 서서 하는 인사, 즉 목례를 뜻하는 것이며, 좌례는 앉아서 하는 인사, 즉 정례를 뜻한다. 일반적으로 합기도에서는 타 무도와는 달리 전통적인 좌례를 선호하고 있다.

1) 입례법

합기도복을 바르게 착용한 후에는 팔짱을 끼거나 허리에 손을 올리는 것과 짝다리로 서는 등 불량스러운 행위는 금물이다. 따라서 언제나 (<사진 ①>) 과 같이 양손은 가지런하게 띠를 잡고 양다리는 어깨 넓이를 유지하며 바르게 서야 한다. 여기서 입례를 할 때는 (<사진 ②>)와 같이 머리와 허리를 동시에 35° 정도 숙이며 시선은 본인의 발끝을 향하게 한다.

2) 정좌법

정좌의 본뜻은 바를 정(正), 앉을 좌(坐)이며, 올바르게 앉는 방법을 말한다. 본 장에서는 정좌법을 소개하고자 한다. 먼저 (<사진 ①>)과 같이 바로 선 자세에서 우족 일보 전진하며 (<사진 ②>)와 같이 좌 무릎을 먼저 지면에 놓으며 (<사진 ③>)과 같이 우족을 당겨서 좌족 엄지발가락 위에 우족 엄지 발가락을 가볍게 포개어 앉으며 양손은 띠를 잡고 시선은 정면을 본다. 일어 설 때에는 우족 먼저 무릎을 세우고 일어나면서 좌족을 당겨 우족과 11자로 한 뒤 좌·우족 순으로 뒤로 일보 가면 처음의 자세(<사진 ①>)가 된다.

3) 무 념

1. 다음으로 무념을 하게 되는데 개인이 자율적인 수련을 할 때에는 (<사진
①>)과 같이 머리를 숙이며 눈을 지그시 감는다. 구령에 맞추어 단체로
무념을 할 때는 (<사진 ②>)와 같이 눈을 지그시 감고 고개를 숙이면서
양손을 합장해서 중지가 인중을 향하게 한다. 여기서 무념이 끝나면 양손
은 다시 띠를 잡고 시선은 정면을 주시하여야 한다.

무념의 본뜻은 없을 무(無) 생각
할 념(念)이다. 즉 무념은 수련에
불필요한 잡념을 없애는 정신통일
법이며, 합기도라는 무도에 대한
경건한 예법이라고 할 수 있다.
합기란 힘을 하나로 모으는 것으
로서 먼저 정신을 하나로 통일하
는 것이 무념의 목적이다.

4) 관원 선서

관원 선서는 수련에 앞서 모든 수련생들이 경건하게 수련에 임할 것을 다짐하는 합기도 예법의 통상적인 관례라고 할 수 있다. 이와 같은 관원 선서를 실시하는 방법은 아래 (<사진>)과 같이 좌수는 띠를 잡고 우수를 들어 선서를 하는데 여기서 팔과 머리, 어깨는 삼각형을 유지해야 하며, 관원 선서의 세부적인 내용은 다음과 같다.

하나, 우리는 합기도를 근본으로 심신을 연마한다.

하나, 우리는 예의를 존중하고 정심정기를 생명으로 한다.

하나, 우리는 관칙을 엄수하고 상부상조하여 단결을 굳게 한다.

위 관원 선서는 합기도 수련 시작과 종료 시에 행해지는 예법에서 실시한다. 그 순서는 도장삼례의 첫 번째인 국가 대 예(국기에 대한 예) 다음이 무념이고 그 다음에 관원 선서를 실시한다. 선무관 관칙을 소개하면 아래와 같다.

선무관 관칙(도장 10개 훈)

1. 나는 도장 출입 시 정중한 삼례를 취한다.
2. 나는 삼례 후 맨 먼저 도복을 단정히 착용한다.
3. 나는 수련 중 흐트러진 자세는 결코 보이지 않는다.
4. 나는 기법을 전수받고 익힘에 있어 열과 성을 다한다.

5. 나는 도복과 병기를 내 신체의 일부처럼 소중히 다룬다.

6. 나는 수련 후 도장을 정리 정돈하여 항상 청결을 유지한다.

7. 나는 도장 내에서 어떠한 경우에도 음주, 흡연을 금한다.

8. 나는 타 무도와 타 무도인을 비방하지 않는다.

9. 나는 어떠한 상대를 대하더라도 정중한 예로써 맞이한다.

10. 나는 합기도인의 긍지를 갖고 그 명예를 지킨다.

5) 좌례법

합기도는 전통적으로 좌례를 선호한다고 밝힌 바 있다. 올바른 정좌법은 앞서 배운 (<사진 ②>)와 같다. 이와 같은 정좌법은 합기도 수련의 기본이 되는 예법이며 배우고자 하는 수련생의 자세라고 할 수 있다. 예로부터 우리 선조들이 부모와 스승 앞에서는 정좌를 취하라고 강조한 것은 우리 민족 고유의 미풍양속이라고 할 수 있을 것이다.

정좌에서 예를 행할 때는 (<사진 ①>)과 같이 양손을 펴서 삼각형을 만들고 팔꿈치가 지면에 닿도록 숙이고 엉덩이는 뒤꿈치에 붙여야 한다.

①

②

①

 합기도 기초 수련

1. 단전호흡법
2. 삼대원리 원·유·화
3. 기본 타법

제2장 합기도 기초 수련

1. 단전호흡법

합기도에서 합기란 힘(氣)을 하나로 모은다(合)는 것을 말한다. 따라서 합기도에서는 수련시작과 더불어 기를 모으기 위해 기본적인 단전호흡을 실시하는데, 이를 본 장에서 소개하고자 한다.

1) 단전호흡의 정의

단전이란 생명체의 상징이라 할 수 있는 생체에너지가 모이는 혹은 생겨나는 밭이란 뜻으로서 한의학에서는 氣(생명체의 에너지원)가 바다처럼 모여 흐른다는 뜻으로 그 위치는 배꼽 아래 한 치 되는 부위를 말한다.

이러한 단전은 인체 내 모든 힘의 근원이 되기 때문에 호흡을 통하여 이를 튼튼히 함으로써 초인적인 힘을 발생하게 하고 체내에 분산되어 있는 힘(氣)을 집중시킴은 물론 우주에 흐르고 있는 정기를 단전에 모아 적재적소에 활용할 수 있게 하며, 이의 수련을 통하여 정신통일을 이루고 신진대사를 원활하게 함으로써 체내의 각 기관을 보다 강하고 튼튼하게 해 주는 호흡법을 말한다.

합기도 기법의 하나인 단전호흡의 수련방법은 서서 수련하는 입공, 앉아서 수련하는 좌공, 누워서 수련하는 와공으로 분류할 수 있다. 이러한 단전호흡에는 또다시 여러 가지 형태의 수련방법이 있으나, 그중 초단과정에서는 입공을 수련한다. 그 방법은 앞으로, 밑으로, 위로, 옆으로, 좌, 우로 그리고 전, 평, 천, 지 총 9수의 해당하는 방법을 수련하고 있다.

단전호흡을 실시하는 방법으로는 코와 입을 통하여 기를 최대한 흡입한 후 단전에 모았다가 다시 내쉬는 것이다. 이때 숨을 들이마시는 것과 내쉬는 것을 자신이 의식하지 않도록 실시하여야 하며 동작은 꽃봉오리가 피어나듯 미세하게 서서히 취해야 한다. 따라서 단전호흡을 실시할 때에는 빨리하는 것이 아니라 천천히 오랫동안 지속적으로 실시하는 것이 올바른 수련법이다.

2) 단전호흡의 수련방법

아래 (<사진 ①>)은 단전호흡 준비자세이다. 양손으로 삼각형을 만들어서 복 하 단전에 신속한 동작으로 가볍게 붙이며 기합을 넣는다. 다음으로 양손으로 원을 그리며 최대한의 기를 코와 입을 통하여 흡입하면서 (<사진 ②, ③, ④>)를 거쳐서 기마자세 (<사진 ⑤>)를 취하며 힘껏 복 하 단전을 치면서 호흡을 멈춘다. 이와 같은 기본적인 동작은 모든 단전호흡(1~9수)에서 동일하게 적용된다. 아래 사진과 같이 각각의 기법에 맞게 천천히 단전호흡을 실시한 후 다시 준비자세(<사진 ①>)로 원위치할 때에는 참았던 호흡을 한꺼번에 내쉬면서 민첩하게 돌아오는 것이다. 또한 단전호흡을 실시할 때 시선은 정면을 보고, 눈을 깜빡거리지 말아야 하며, 얼굴이 붉게 변하지 말아야 한다.

①   ②   ③   ④

⑤

앞서 설명한 단전호흡의 준비자세에서 단전호흡을 실시하기 위하여 (<사진 ⑤>)의 기마자세를 취하는데, 이 동작은 합기도를 비롯한 모든 무도에서 기본적인 자세로서, 널리 활용되는 기법 중 하나이다. 이러한 기마자세를 바르게 실시하는 방법은 몸이 앞·뒤·좌·우로 기울어서는 안 되며, 또한 양발이 11자를 유지하고, 시선은 정면을 보아야 한다.

제1수

①   ②   ③   ④

사진해설: 전방자세(1수)를 실시하기 위하어 기를 최대한 흡입해시 호흡을 정지함과 동시에 양손으로 복 하 단전을 친(《사진 ①》) 후 양손은 서서히 단전에서 분리하며 팔을 밑으로 뻗으면서(《사진 ②》) 정면으로 올리며(《사진 ③》) 계속해서 머리 위까지 올린(《사진 ④》) 후 기를 한꺼번에 체외로 방출하면서 단전호흡 준비자세(p.38의 사진 ①)로 민첩하게 원위치한다.

제2수

🥋 사진해설: 하방자세(2수)를 실시하기 위하여 기를 최대한 흡입해서 호흡을 정지함과 동시에 양손으로 복 하 단전을 친(⟨사진 ①⟩) 후 양손은 서서히 단전에서 분리하며 팔을 명치 높이까지 위로 올린 다음(⟨사진 ②⟩) 양손을 뒤집어서 아래를 향하며(⟨사진 ③⟩) 천천히 하단을 향해 내린(⟨사진 ④⟩) 후 기를 한꺼번에 체외로 방출하면서 단전호흡 준비자세(p.38의 사진 ①)로 민첩하게 원위치한다.

제3수

🥋 사진해설: 상방자세(3수)를 실시하기 위하여 기를 최대한 흡입해서 호흡을 정지함과 동시에 양손으로 복 하 단전을 친(⟨사진 ①⟩) 후, 양손은 서서히 단전에서 분리하며 팔을 명치 높이까지 위로 올린 다음(⟨사진 ②⟩) 양손을 뒤집어서 위를 향하며(⟨사진 ③⟩) 천천히 상단 머리 위를 향해 올린(⟨사진 ④⟩) 후 기를 한꺼번에 체외로 방출하면서 단전호흡 준비자세(p.38의 사진 ①)로 민첩하게 원위치한다.

제4수

사진해설: 양방자세(4수)를 실시하기 위하여 기를 최대한 흡입해서 호흡을 정지함과 동시에 양손으로 복 하 단전을 친(《사진 ①》) 후, 양손은 서서히 단전에서 분리하며 옆으로 뻗어서 팔을 어깨높이까지 위로 올린 다음(《사진 ②》) 양 손바닥을 180° 뒤집어서 앞으로 모으며(《사진 ③》) 천천히 얼굴 쪽으로 당겨서 밑에서 위로 감아올린(《사진 ④》) 후 기를 한꺼번에 체외로 방출하면서 단전호흡 준비자세(p.38의 사진 ①)로 민첩하게 원위치한다.

제5수

천(天)·지(地)·인(人)의 힘(氣)을 합하는 것이 합기(合氣)이다. 즉 합기란 자연의 순리와 조화에 순응하는 것이다.

사진해설: 45° 전방 좌측자세(5수)를 실시하기 위하여 기를 최대한 흡입해서 호흡을 정지함과 동시에 양손으로 복 하 단전을 친(《사진 ①》) 후, 좌족 45° 일보 전진하면서 양손은 서서히 단전에서 분리하며 앞으로 뻗어서(《사진 ②》) 올리며(《사진 ③》) 머리 위까지 올린 다음(《사진 ④》) 기를 한꺼번에 체외로 방출하면서 단전호흡 준비자세(p.38의 사진 ①)로 민첩하게 원위치한다.

① ② ③ ④

사진해설: 45° 전방 우측자세(5수)는 좌측자세와 방법은 동일하며 방향만 반대 방향(우측)이다.

제6수

① ② ③ ④

사진해설: 전면자세(6수)를 실시하기 위하여 기를 최대한 흡입해서 호흡을 정지함과 동시에 양손으로 복 하 단전을 친(《사진 ①》) 후, 양손은 서서히 단전에서 분리하며

팔을 가슴 높이까지 올리면서(〈사진 ②〉) 전면으로 뻗으면서(〈사진 ③〉) 양손을 밑으로 접은(〈사진 ④〉) 후, 기를 한꺼번에 체외로 방출하면서 단전호흡 준비자세(p.38의 사진 ①)로 민첩하게 원위치한다.

제7수

사진해설: 수평자세(7수)를 실시하기 위하여 기를 최대한 흡입해서 호흡을 정지함과 동시에 양손으로 복 하 단전을 친(〈사진 ①〉) 후, 양손은 서서히 단전에서 분리하며 팔을 가슴 높이까지 들어 올려 밖으로 뒤집어서(〈사진 ②〉) 끝까지 밀어 내고(〈사진 ③〉) 수평으로 당겨 모은(〈사진 ④〉) 후 기를 한꺼번에 체외로 방출하면서 단전호흡 준비자세(p.38의 사진 ①)로 민첩하게 원위치한다.

제8수

사진해설: 천방자세(8수)를 실시하기 위하여 기를 최대한 흡입해서 호흡을 정지함과

동시에 양손으로 복 하 단전을 친(〈사진 ①〉) 후, 양손은 서서히 단전에서 분리하며
팔을 가슴 높이까지 들어 올린 다음(〈사진 ②〉) 천천히 머리 위까지 올린(〈사진 ③〉)
후 양손을 밑으로 꺾어 내린(〈사진 ④〉) 후 기를 한꺼번에 체외로 방출하면서 단전
호흡 준비자세(p.38의 사진 ①)로 민첩하게 원위치한다.

제9수

사진해설: 지방자세(9수)를 실시하기 위하여 기를 최대한 흡입해서 호흡을 정지함과
동시에 양손으로 복 하 단전을 친(〈사진 ①〉) 후, 양손은 서서히 단전에서 분리하며
밑으로 뻗은 다음(〈사진 ②〉) 양손을 천천히 안쪽으로 꺾은(〈사진 ③〉) 후, 기를 한꺼
번에 체외로 방출하면서 단전호흡 준비자세(p.38의 사진 ①)로 민첩하게 원위치한다.

단전호흡의 목적은, 진정한 합기를 이루고자 체내에 분산되어 있는 힘(氣)
을 한곳에 집중시키기 위함이다.

심(心)법과 안(眼)법의 중요성

상대의 기법을 평가하기 전에 마음을 읽을 수 있어야 하며, 상대와 대면한
상태에서는 끝까지 정면을 보아야 한다.

합기도인은 '氣山心海'를 이루고자 수련에 임한다. 즉 힘(氣)은 산(山)과 같
이 높고 강하며, 마음(心)은 바다(海)와 같이 평온하되 호국과 호신을 위해서

2. 삼대원리 원·유·화

　합기도의 모든 기법은 상대의 공격에 대응하여 하나의 점(본인의 중심축)을 중심으로 구전운동(원)으로 전개되는 과학적인 호신무도이다. 이와 같은 움직임의 핵심은 삼대원리에 의해 이루어진다. 즉 '원·유·화'로 불리는 전환법, 역류법, 심화법이 그것이다. 따라서 이와 같은 삼대원리는 합기도 수련을 위해서 필수적으로 익히고 연마해야 할 전초적인 수련과정이라고 할 수 있다. 본 장에서는 삼대원리를 소개하고자 한다.

1) 전환법

　전환의 원리: 상대의 모든 공격은 직선으로 이루어지지만 이를 정면으로 맞서 대응하는 것이 아니라 원심력과 구심력을 이용하여 피하면서 방어하는 것이 전환법, 즉 원의 원리이다.

는 성난 바다와 같이 공격에 임한다.

사진해설: 원의 원리인 전환법의 준비자세는 《《사진 ①》)과 같다. 다음으로는 양손으로 무형의적(상대)의 주먹공격을 방어하는 형식으로 눈높이에서 양손으로 막음과 동시(《사진 ②》)에 뒷발(우족)이 일보 전진(《사진 ③》)하면서 피하며 좌족이 뒤로 180° 전진하며 《《사진 ④》)의 자세로 돌아가는 것이다. 이와 같은 방법으로 좌·우를 천천히 정확하게 익힌 후 점차적으로 민첩하게 단련하기 위해서는 꾸준한 수련이 필수적이다.

2) 역류법

역류의 원리: 상대가 공격해 들어오는 힘에 맞서는 것이 아니라 상대의 힘이 가고자 하는 방향으로 흘려 주면서 이(상대의 힘)를 역이용하는 것이 역류법, 즉 유의 원리이다.

①   ②   ③

사진해설: 유의 원리인 역류법의 준비자세는 《《사진 ①》)과 같다. 다음으로는 뒷발(우족)이 일보 전진하면서 좌수는 당겨 허리에 붙이고 우수는 어깨높이로 뻗으면서 손바닥은 아래(《사진 ②》)를 향함과 동시에 좌족이 뒤로 180° 전진하며 《《사진 ③》)의 자세로 돌아가는 것이다. 이와 같은 방법으로 좌·우를 천천히 정확하게 익힌 후, 점차적으로 민첩하게 단련하기 위해서는 꾸준한 수련이 필수적이다.

3) 심화법

 심화의 원리: 상대의 공격에 대한 움직임(방향)을 파악하여 방어를 한 후 본인의 기법을 적용하여 상대에게 공격하고자 할 때 상대와의 거리를 좁히고 이를 활용하는 것이 심화법, 즉 화의 원리이다.

①   ②   ③   ④

 사진해설: 화의 원리인 심화법의 준비자세는 (《사진 ①》)과 같다. 다음으로는 (《사진 ②》)와 같이 좌족이 45° 전진하며 양손(등권)으로 상대의 목(천용)을 가격하는 자세를 취한 후. 〈사진 ③〉과 같이 양 등권을 허리에 당겨서 붙였다가 (《사진 ④》)와 같이 상대 옆구리(밀급소)를 가격하는 자세를 취한 후. (《사진 ①》)과 같은 자세로 민첩하게 원위치한다.

 이때 목(천용)과 옆구리(밀급소)를 칠 때는 반드시 기합을 넣는다. 이와 같은 방법으로 좌·우를 천천히 정확하게 익힌 후 점차적으로 민첩하게 단련하기 위해서는 꾸준한 수련이 필수적이다.

3. 기본 타법

    합기도는 방어를 근본으로 하는 무도로 알려져 있다. 그러나 모든 무도가 그러하듯 방어가 이루어진 후에는 반드시 상대에게 공격하는 기법으로 구성되어 있다. 여기서 타법은 상대를 치는 방법을 말한다. 상대를 동일한 힘으로 가격하더라도 공격자의 손 모양과 치는 각도에 따라서 상대의 충격에는 큰 차이가 있다. 따라서 상대의 타격 부위에 따라 공격자의 손 모양이 적절하게 변하는데 이를 익히고 단련하고자 수련하는 것이 타법이다. 본 장에서는 합기도 수련 중 전수되는 기본적인 타법의 기법에 대하여 소개하고자 한다.

①   ②   ③   ③

사진해설: 《사진 ③》은 기본타법 준비 기마자세의 정면과 측면 모습이다. 이 자세를 이루기 위해서는 《사진 ①》처럼 양손을 수도로 만들어 머리 위에서 교차되게 올린 후 《사진 ②》를 거쳐서 양 수도를 허리에 힘껏 쥐어 당기면서 타법 준비 기마자세《사진 ③》를 취하는 동시에 기합을 넣는다.

본서에서는 타법의 우측 기법만을 소개하고 있으나 독자 여러분께서는 반드시 좌·우를 고르게 단련하는 것이 올바른 수련법이다. 또한 실시하는 방법은 좌·우 동일하다.

제1수 중지권 치기

①   ②   ③

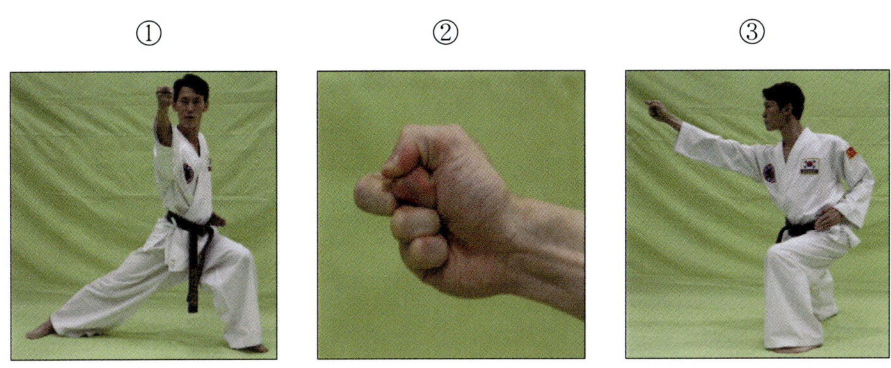

사진해설: 중지가 앞으로 돌출된 주먹을 중지권(〈사진 ②〉)이라 한다. 중지권 치기를 실시하는 방법은 기마자세에서 준비된 수도를 중지권으로 변형하여 쥐면서(〈사진 ②〉) 앞으로 힘껏 뻗으며 끊어 치면서 기합을 넣는다. 이때 (〈사진 ①, ③〉)에서 보는 바와 같이 양쪽 어깨와 중지권은 직선을 유지하며 치는 쪽 다리는 뻗는다.

또한 모든 동작은 신속하고 정확하게 취한 후 민첩하게 준비 기마자세로 원위치(p.48의 사진 ③)해야 한다. 중지권의 주요 타격 부위는 상대의 명치이다.

제2수 종관수 치기

①   ②   ③

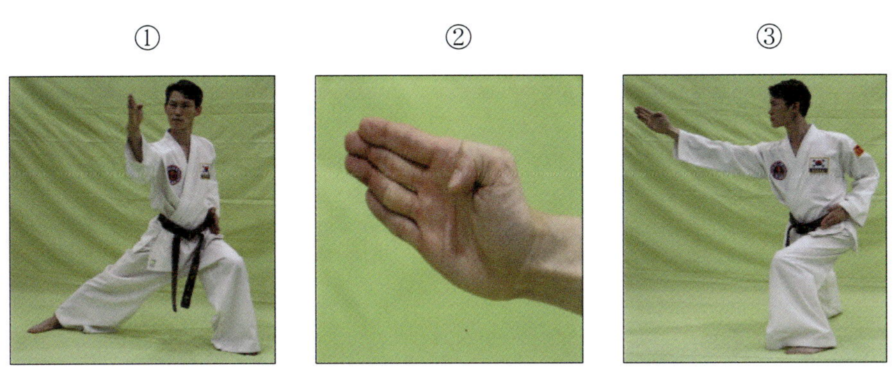

사진해설: 손끝으로 불리는 관수는 치는 각도에 따라서 종관수, 횡관수, 평관수, 역관수로 불리지만 기본 타법에서는 종관수(〈사진 ②〉)만을 소개하고자 한다. 종관수 치기를 실시하는 방법은 기마자세에서 준비된 수도를 그대로 앞으로 힘껏 찌르듯이 끊어 치면서 기합을 넣는다. 이때 (〈사진 ①, ③〉)에서 보는 바와 같이 양쪽 어깨와

종관수는 직선을 유지하며 치는 쪽 다리는 뻗는다. 또한 모든 동작은 신속하고 정확
하게 취한 후 민첩하게 준비 기마자세로 원위치(p.48의 사진 ③)해야 한다. 종관수
의 주요 타격 부위는 상대의 명치와 천돌이다.

제3수 반달권 치기

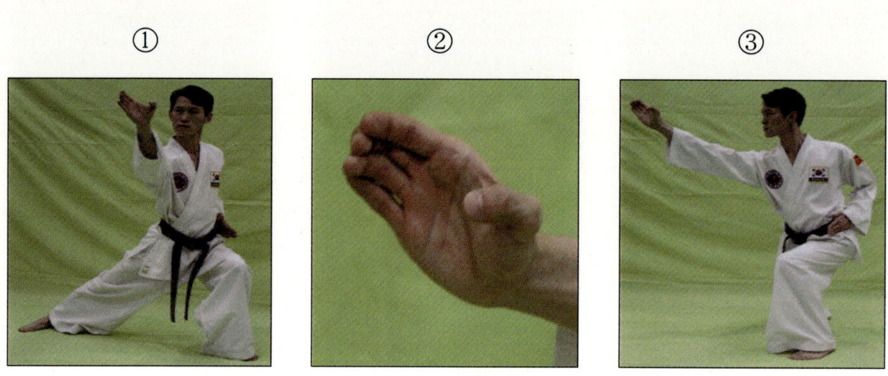

사진해설: 반달을 닮았다 하여 반달권, 호랑이 입을 닮았다고 하여 호구권이라고도
불리지만 본서에서는 반달권(《사진 ②》)으로 명명하고자 한다. 반달권 치기를 실시하
는 방법은 기마자세에서 준비된 수도를 반달권으로 변형하여 쥐면서 앞으로 힘껏 밀
어 끊어 치면서 기합을 넣는다. 이때 《사진 ①, ③》에서 보는 바와 같이 양쪽 어깨
와 반달권은 직선을 유지하며 치는 쪽 다리는 뻗는다. 또한 모든 동작은 신속하고
정확하게 취한 후 준비 민첩하게 준비 기마자세로 원위치(p.48의 사진 ③)해야 한
다. 반달권의 주요 타격 부위는 상대의 목이다.

제4수 각권 치기

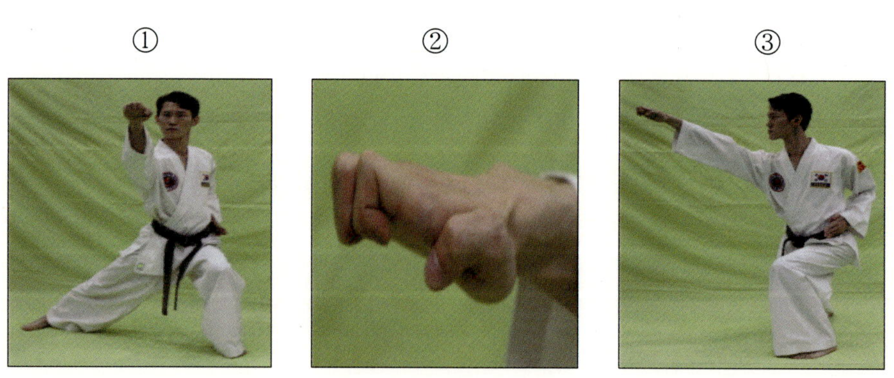

사진해설: 주먹에 각이 졌다고 하여 각권. 곰의 발을 닮았다고 해서 곰권이라고도
불리지만 본서에서는 각권(《사진 ②》)으로 명명하고자 한다. 각권 치기를 실시하는
방법은 기마자세에서 준비된 수도를 각권으로 변형하여 쥐면서 앞으로 힘껏 밀며 끊
어 치면서 기합을 넣는다. 이때 (《사진 ①, ③》)에서 보는 바와 같이 양쪽 어깨와 각
권은 직선을 유지하며 치는 쪽 다리는 뻗는다. 또한 모든 동작은 신속하고 정확하게
취한 후 민첩하게 준비 기마자세로 원위치(p.48의 사진 ③)해야 한다. 각권의 주요
타격 부위는 상대의 목과 인중이다.

제5수 장권 치기

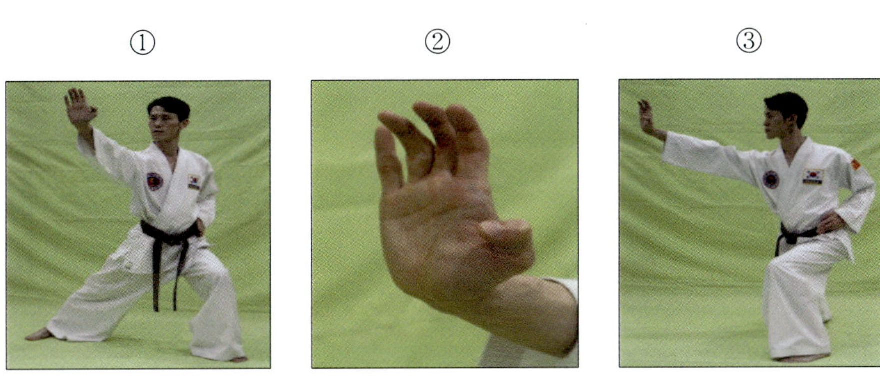

①
②
③

사진해설: 일반적인 손바닥을 합기도에서는 장권(《사진 ②》)이라고 명명하여 전수하
고 있다. 장권치기를 실시하는 방법은 기마자세에서 준비된 수도를 장권으로 변형하
여 쥐면서 앞으로 밀며 끊어 치면서 기합을 넣는다. 이때 (《사진 ①, ③》)에서 보는
바와 같이 양쪽 어깨와 장권은 직선을 유지하며 치는 쪽 다리는 뻗는다 또한 모든
동작은 신속하고 정확하게 취한 후 민첩하게 준비 기마자세로 원위치(p.48의 사진
③)해야 한다. 장권의 주요 타격 부위는 상대의 안면이다.

제6수 등권 치기

사진해설: 일반적인 손등을 합기도 수련에서는 등권(《사진 ②》)이라고 명명하여 전수하고 있다. 등권 치기를 실시하는 방법은 기마자세에서 준비된 수도를 등권으로 변형하면서 앞으로 힘껏 밀며 끊어 치면서 기합을 넣는다. 이때 (《사진 ①, ③》)에서 보는 바와 같이 양쪽 어깨와 등권은 직선을 유지하며 치는 쪽 다리는 뻗는다. 또한 모든 동작은 신속하고 정확하게 취한 후 민첩하게 준비 기마자세로 원위치(p.48의 사진 ③)해야 한다. 등권의 주요 타격 부위는 상대의 안면이다.

제7수 수도 치기

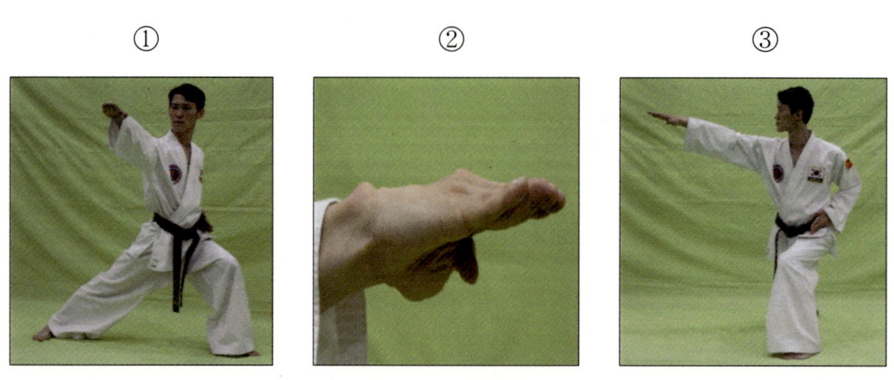

사진해설: 수도의 본뜻은 손 수(手)와 칼 도(刀)이다. 즉 손날을 뜻한다. 수도 치기를 실시하는 방법은 기마자세에서 준비된 우수도(《사진 ②》)로 얼굴을 좌로 흘려 막는 동작을 취한 후 어깨 힘과 동시에 앞으로 힘껏 뻗으면서 끊어 치며 기합을 넣는다. 이때 (《사진 ①, ③》)에서 보는 바와 같이 양쪽 어깨와 수도는 직선을 유지하며 치는 쪽 다

리는 뻗는다. 또한 모든 동작은 신속하고 정확하게 취한 후 민첩하게 준비 기마자세로 원위치(p.48의 사진 ③)해야 한다. 수도의 주요 타격 부위는 상대의 목(천용)이다.

제8수 역수도 치기

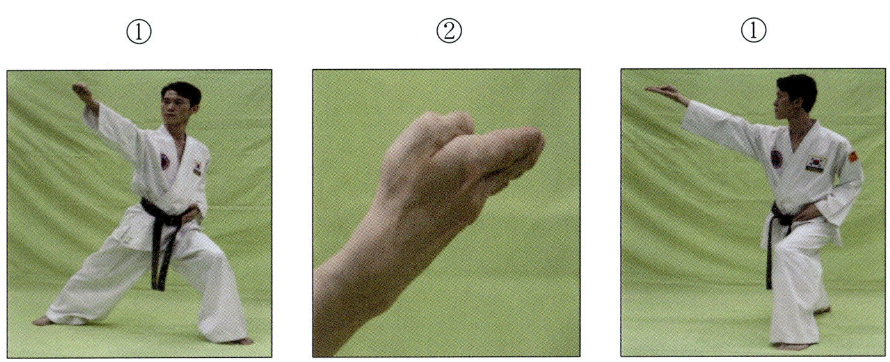

🕊 사진해설: 역수도는 수도의 반대편, 즉 손날의 등(〈사진 ②〉)을 말한다. 역수도 치기를 실시하는 방법은 기마자세에서 준비된 수도를 어깨와 몸을 틀면서 좌 무릎 쪽으로 흘려 내렸다가 45° 각도로 힘껏 올려서 끊어 치면서 기합을 넣는다. 이때 (〈사진 ①. ③〉)에서 보는 바와 같이 양쪽 어깨와 역수도는 직선을 유지하며 치는 쪽 다리는 뻗는다. 또한 모든 동작은 신속하고 정확하게 취한 후 준비 기마자세로 원위치(p.48의 사진 ③)해야 한다. 역수도의 주요 타격 부위는 상대의 안면과 목이다.

제9수 팔꿈치 치기

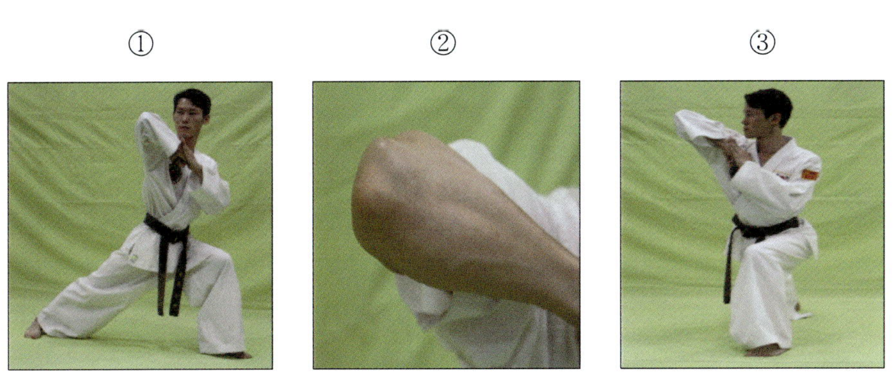

🕊 사진해설: 일반적인 팔꿈치를 말한다. 합기도 타법에서 팔꿈치 치기에는 정면치기,

올려치기, 내려치기, 측면치기 등이 있으나 본서에서는 정면치기만을 소개하겠다. 나머지 기법은 명칭과 동일하게 치면 된다. 팔꿈치 치기를 실시하는 방법은 기마자세에서 준비된 수도를 주먹을 쥐며 이를 반대손이 감싸 쥐며 팔꿈치(《사진 ②》)를 힘껏 밀어 치면서 기합을 넣는다.

이때 《사진 ①, ③》에서 보는 바와 같이 양쪽 어깨와 팔꿈치는 직선을 유지하며 치는 쪽 다리는 뻗는다. 또한 모든 동작은 신속하고 정확하게 취한 후 민첩하게 준비 기마자세로 원위치(p.48의 사진 ③)해야 한다. 팔꿈치의 주요 타격 부위는 상대의 관자놀이와 목이다.

제10수 모지권 치기

<table>
<tr><td>①</td><td>②</td><td>③</td></tr>
<tr><td></td><td></td><td></td></tr>
</table>

사진해설: 엄지손가락을 감싸 쥔 주먹을 모지권(《사진 ②》)이라 칭한다. 모지권 치기를 실시하는 방법은 기마자세에서 준비된 수도를 모지권으로 변형하여 쥐면서 힘껏 원을 그리며 돌려서 끊어 치면서 기합을 넣는다.

이때 《사진 ①, ③》에서 보는 바와 같이 양쪽 어깨와 각권은 직선을 유지하며 치는 쪽 다리는 뻗는다. 또한 모든 동작은 신속하고 정확하게 취한 후 민첩하게 준비 기마자세로 원위치(p.48의 사진 ③)해야 한다. 모지권의 주요 타격 부위는 상대의 관자놀이(현고)이다.

합기도는 방어를 근본으로 하는 호신무도이다. 그러나 방어 후에 이루어지는 모든 공격 시에는 반드시 일격필살(一擊必殺), 즉 단 한 번의 공격으로 상

대를 반드시 죽이겠다는 신념으로 자신감 있게 공격에 임해야 한다. 그러므로 기법을 익히기에 앞서 정신수양이 우선되어야 한다.

제3장 기본 발차기

1. 앞차기

2. 뒤꿈치 차올리기

3. 족도 가슴차기

4. 안다리 · 바깥다리 돌려 차기

5. 발끝 찍기

6. 뒤꿈치 돌려 차기

7. 옆차기

8. 뒤차기

9. 상단 돌려 차기

10. 하단 돌려 차기

제3장 기본 발차기

합기도의 발차기를 과거에는 발 쓰는 기술이라 하여 '족술'이라고도 불리었으나, 현대에서는 합기도를 비롯한 모든 무도종목을 불문하고 발차기로 명명되어 그 기법이 전수되고 있는 실정이다. 합기도의 발차기 종류에는 기본 발차기, 단식 발차기, 복식 발차기, 좌·우족 복식 발차기, 특수 발차기, 고수 발차기, 시범 발차기, 대련 발차기, 응용 발차기 등의 다양한 발차기 기법이 있다. 그러나 본서에서는 합기도 수련 중 가장 기본이 되는 단식 발차기의 십여 가지 기법을 소개하고자 한다.

합기도 발차기를 단련할 때에는 먼저 발차기의 명칭과 발의 형태를 이해하고 이를 익히는 것이 우선이다. 발차기의 명칭은 발의 모양과 차는 방법 및 각도와 밀접한 연관이 있다는 사실을 인식하기 바란다.

다음으로 발차기를 단련할 때에는 천천히 정확하게 낮은 목표물에서 점차적으로 높은 목표물을 향해 단련을 지속적으로 실시하되 반드시 좌·우족을 동일하게 단련하여야 한다. 또한 합기도 발차기의 특징이라면 힘을 빼서 부드럽고 가볍게 실시하되 최종 목표지점에서는 발의 힘뿐만 아니라 전신의 힘을 집중해야만 강한 파괴력으로 상대에게 치명상을 입힐 수 있다는 사실을 기억하기 바란다.

발차기를 실시할 때 시선은 언제나 정면 혹은 상대의 타격 부위에 고정되어야 한다. 그리고 모든 동작은 준비자세에서 발차기를 실시하여 완료되면 반드시 원위치, 즉 준비자세로 민첩하게 돌아가야 하는 것이 원칙이다. 본서에서는 발차기 좌·우를 소개하지 않은 이유는 실시하는 방법이 동일하기 때문이다.

1. 앞차기

모든 발차기의 가장 기본이 되는 발차기가 앞차기라고 할 수 있다. 이 발차기의 명칭인 앞차기는 말 그대로 앞을 향해 차는데 반드시 발가락을 당겨서 발의 앞 축을 사용하는 것이다. 또한 이 발차기는 가장 배우기가 쉬우면서 빠른 발차기 기법 중 하나이다. 따라서 앞차기를 정확하게 단련시키지 않으면 다른 발차기를 배우고 익히는 것은 대단히 어려운 일이다.

정면사진

①   ②   ③   ④

사진해설: 앞차기 실시방법은 발차기 준비자세(《사진 ①》)에서 뒷발을 당겨 무릎을 띠 높이로 접어 든(《사진 ②》) 후 뻗어 차는 것이다(《사진 ③》). 이때 중심발의 뒤꿈치가 90° 이동을 하면서, 엉덩이를 안으로 밀고, 상체는 뒤로 조금 눕혀야 한다. 준비자세로 원위치할 때에는 반드시 무릎을 접어서 와야 한다. 앞차기의 주요 타격 부위는 낭심과 명치 그리고 안면이다. 낮은 자세의 발차기가 원활하게 실행되어 높이 차(《사진 ④》)는 것이다.

측면사진

③   ②   ①

2. 뒤꿈치 차올리기

①

이 발차기는 말 그대로 뒤꿈치를 높이 차올리는 것이다. 이 발차기를 익히기 위해서는 골반과 근육이 부드러워야만 신속·원활하게 실시할 수 있다. 따라서 하체의 근육과 관절의 단련을 필요로 한다. 또한 낮은 부위에서 점차적으로 높은 부위를 선정해서 단련해야 하며, 뒤꿈치 높이 차기의 주요 타격 부위는 상대의 턱이다.

②

3. 족도 가슴차기

　이 발차기의 명칭에서 족도란 발의 날을 말한다. 이 부위를 가지고 근접한
상대의 가슴(명치)을 차는 것인데, 이를 수행하기 위해서는 골반과 근육이 부
드러워야만 신속하고 원활하게 실시할 수 있다. 족도 가슴차기는 천천히 정확
하게 그리고 낮은 부위에서 점차적으로 높은 부위를 선정해서 단련을 실시한
후, 전광석화처럼 일순간에 모든 동작이 완료될 수 있도록 지속적으로 수련에
임해야 한다.

①   ②   ③   ④

4. 안다리 · 바깥다리 돌려 차기

이 발차기는 말 그대로 발의 안쪽부분으로 돌려 차는 것인데, 이를 반대로 차면 바깥다리 돌려 차기가 된다. 이 두 가지 발차기는 골반과 근육이 부드러워야만 신속하고 원활하게 실시할 수 있다. 모든 발차기는 천천히 정확하게 그리고 낮은 부위에서 점차적으로 높은 부위를 선정해서 단련을 실시한 후, 전광석화처럼 일순간에 모든 동작이 완료될 수 있도록 지속적으로 수련에 임해야 한다. 또한 안다리 · 바깥다리 돌려 차기의 주요 타격 부위는 상대의 얼굴이다.

①   ②   ③   ④   ⑤   ⑥

사진해설: 안다리 돌려 차기를 실시하는 방법은 발차기 준비자세(〈사진 ①〉)에서 발끝을 당겨 들면서(〈사진 ②〉) 원을 최대한 높이 그리면서 차올린(〈사진 ③〉) 다음 점차적으로 고도가 낮아(〈사진 ④. ⑤〉)지면서 준비자세로 원위치(〈사진 ⑥〉)한다. 이를 반대로 차면 바깥다리 돌려 차기가 된다.

5. 발끝 찍기

   이 발차기는 말 그대로 발끝으로 상대방을 찍어 차는 것이다. 이러한 발끝 찍기는 합기도 대련과 시범에서 무수히 활용되는 대표적인 발차기 중 하나이다. 모든 발차기는 천천히 정확하게 그리고 낮은 부위에서 점차적으로 높은 부위를 선정해서 단련을 실시한 후, 전광석화처럼 일순간에 모든 동작이 완료될 수 있도록 지속적으로 수련에 임해야 한다. 또한 이발차기의 주요 타격 부위는 상대방의 전신이 목표물이 된다고 할 수 있다.

정면사진

①   ②   ③

사진해설: 발끝 찍기를 실시하는 방법은 발차기 준비자세(《사진 ①》)에서 뒷발 무릎을 띠 높이 이상 끌어 올린(《사진 ②》) 후 상체를 뒤로 약간 젖히면서 발을 힘껏 뻗으면서 찍어 차는(《사진 ③》) 것이다. 또한 준비자세로 원위치할 때는 반드시 무릎을 접어서(《사진 ②》) 민첩하게 돌아와야 한다.

6. 뒤꿈치 돌려 차기

이 발차기는 말 그대로 뒤꿈치로 상대를 돌려 차는 것이다. 이와 같은 뒤꿈치 돌려 차기는 차후에 배우게 될 상단 돌려 차기의 전신이라고 할 수 있다.

합기도의 다양한 발차기 기법 중 발끝 찍기는 앞차기와 더불어 활용빈도가 가장 높은 대표적인 발차기이다. 이 기법은 상대의 상·중·하단, 즉 전신 타격이 가능한 것이 그 특징이라고 할 수 있으며, 상대에 대한 측면 공격용으로 자신의 단점 노출이 적다는 것은 장점으로 높이 평가받고 있다. 또한 발끝 찍기는 종류가 다른 발차기와 연결하여 활용 가능하도록 하는 촉매와 같은 역할을 담당하기도 한다. 따라서 지속적이고 강도 높은 수련을 통하여 이 발차기를 단련한다면 효과적이면서 유효적절하게 사용할 수 있을 것이다.

즉 뒤꿈치 돌려 차기를 원활하게 단련시키지 않으면 상단 돌려 차기를 익히는 데 어려움이 많다는 것이다. 따라서 뒤꿈치 돌려 차기의 수련에 열과 성을 다해야 할 것이다. 이 발차기의 주요 타격 부위는 상대의 얼굴과 가슴 그리고 옆구리(밀급소)이다.

사진해설: 뒤꿈치 돌려 차기를 실시하는 방법은 발차기 준비자세(《사진 ①》)에서 중심축을 움직이면서 몸을 측면으로 90° 이동과 동시에 뒷발의 무릎을 띠 높이 이상으로 들어 올리면서 발끝을 당긴(《사진 ②》) 후 최대한 높이 뻗어서 돌려 차면서(《사진 ③》) 다시 무릎을 접어 당기며(《사진 ④》) 처음의 준비자세(《사진 ⑤》)로 민첩하게 원위치한다.

7. 옆차기

이 발차기는 말 그대로 옆으로 돌아서 상대를 찬다는 것이다. 이러한 옆차기는 합기도를 비롯한 모든 무도에서 수련생의 발차기를 평가하고자 할 때 중심적인 척도로 활용되고 있다는 것은 옆차기의 장점이자 중요성이라 할 수 있을 것이다. 이 발차기의 단점이라고 한다면 다른 발차기보다 비교적 익히기가 쉽지 않다는 것이다. 모든 발차기가 그러하듯 옆차기의 핵심은 중심을 잘 잡아야 한다. 또한 발모양(족도)을 만드는 것에 많은 노력을 기울여야 한다. 이 발차기의 주요 타격 부위는 안면과 명치, 낭심 등이다.

정면사진

①   ②   ③

사진해설: 옆차기를 실시하는 방법은 발차기 준비자세(〈사진 ①〉)에서 중심축을 90°움직이며 뒷발을 당겨 띠 높이 이상 들면서 발모양(족도)을 만든(〈사진 ②〉) 후 다시 중심축을 90° 움직이면서 상체를 뒤로 젖히면서 다리를 뻗어서 찬다(〈사진 ③〉). 이때 발모양(족도)이 정확해야 하며 시선은 정면을 주시하고 중심이 흐트러지지 말아야 한다. 타격 부위를 정확히 찬 후 다시 무릎을 접어서(〈사진 ②〉) 민첩하게 원위치(〈사진 ①〉)한다.

8. 뒤차기

이 발차기는 옆차기를 뒤로 돌아서 차는 것이다. 따라서 옆차기의 단련이 부족하여 원활하게 실시할 수 없다면 뒤차기를 차는 데 적지 않은 어려움이 따를 것이다. 옆차기의 주요 타격 부위는 수련 빈도와 강도에 따라서 상대의 면상과 명치 낭심이다.

옆차기는 모든 무도를 망라하여 발차기를 연상하면 대명사로 알려져 그 명성이 높은 편이다. 이와 같은 옆차기를 비롯한 모든 발차기는 천천히 정확하게 그리고 낮은 부위에서 점차적으로 높은 부위를 선정해서 단련을 실시한 후, 전광석화처럼 일순간에 모든 동작이 완료될 수 있도록 지속적으로 수련에 임해야 한다.

사진해설: 뒤차기의 실시방법은 발차기 준비자세(〈사진 ①〉)에서 정면의 목표를 확인 후 좌족을 축으로 우로 180° 돌아서 타격 목표를 본(〈사진 ②〉) 후 앞쪽에 있는 우족을 들면서 발모양(족도)을 만들며 시선은 타격 목표에 고정한(〈사진 ③〉) 다음 상체를 앞으로 조금 숙이면서 다리를 힘껏 뻗어서 찬다(〈사진 ④〉). 이때 발모양(족도)이 정확해야 하며 시선은 목표물에 고정되어야 한다. 또한 중심이 흔들려서는 안 된다. 뒤차기가 완료된 후 준비자세(〈사진 ①〉)로 원위치하는 방법은 역순으로 신속하게 해야 한다.

9. 상단 돌려 차기

이 발차기는 상대의 상단(얼굴)을 뒤로 360° 돌아서 뒤꿈치로 가격하는 것이다. 이와 같은 상단 돌려 차기는 목표물에 따라서 중단 돌려 차기로 불리기도 한다. 모든 발차기에 있어서 시선처리는 매우 중요한 요소이다. 특히 상단 돌려 차기에서 시선처리가 미흡하면 목표물을 가격하기가 어려울 뿐만 아니라 중심을 잡을 수가 없다. 따라서 반드시 시선은 정면 또는 목표물에 항상 고정되어야 한다.

🐦 사진해설: 상단 돌려 차기 실시방법은 발차기 준비자세(《사진 ①》)에서 목표물을 확인한 후 앞발을 축으로 우로 180° 돌아서 시선을 고정하며(《사진 ②》) 우족을 들면서(《사진 ③》) 상체를 뒤로 약간 눕히면서 다리를 힘껏 뻗어서 뒤꿈치로 목표물을 가격한(《사진 ④》) 후 접어서 내리며(《사진 ⑤》) 준비자세(《사진 ①》)로 민첩하게 원위치한다.

10. 하단 돌려 차기

이 발차기는 상대방의 발차기 공격이 이루어질 때 민첩하게 피하면서 돌아앉아 상대의 발목을 차서 중심을 쓰러뜨리는 기법으로서, 타 무도에는 존재하지 않는 합기도만의 독특한 발차기 기법이다. 합기도 하단 돌려 차기는 흔히 앉아 돌려 차기로도 불린다. 이러한 하단 돌려 차기는 말 그대로 상대의 하단을 뒤로 돌아앉으면서 가격하는 것이다. 또한 하단 돌려 차기의 주요 타격 부위는 상대의 발목이다.

정면사진

①　　②　　③　　④　　⑤

사진해설: 하단 돌려 차기를 실시하는 방법은 발차기 준비자세(《사진 ①》)에서 타격 부위를 확인한 다음 앞발인 좌족을 축으로 180° 돌아앉으며 목표물을 확인한(《사진 ②》) 후 즉시 양손을 짚으며 우족을 뻗어 찬다(《사진 ③》). 이때 두 가지 동작은 거의 동시에 적용되어야만, 본인의 중심을 잡을 수 있다. 목표물을 가격한 후 무릎을 접으면서(《사진 ④》) 돌아와서 앉으며 공격과 방어가 용이한 자세(《사진 ⑤》)를 취한다.

측면사진

⑤　　④　　③　　②　　①

합기도의 모든 기법은 보기에는 쉬워 보이지만 막상 수련에 임해 보면 그렇지 않은 경우가 지배적인데, 특히 하단 돌려 차기가 그러하다. 따라서 하단 돌려 차기를 실시할 때는 천천히 정확한 자세로 반복적인 수련이 이루어져야 한다. 이와 같이 하단 돌려 차기의 단련이 지속되면 상대의 그 어떠한 발차기 공격에 대응해서도 전광석화와 같은 동작으로 일순간에 상대의 공격을 무력화 시킬 수 있다.

제4장 체조기능

1. 앞구르기
2. 뒤구르기
3. 다리 벌려 앞·뒤구르기
4. 무릎 펴서 앞·뒤구르기
5. 물구나무서기
6. 손 짚고 옆 돌기
7. 스프링 기법
8. 손 짚고 앞 돌기

제4장 체조기능

엄밀히 말하자면 체조기능은 합기도의 기법이 아니다. 그러나 체조기능을 습득하고 나면, 이를 통하여 합기도의 다양한 기법을 전수받고 연마하는 데 있어서 적지 않은 도움을 주는 것이 사실이다. 따라서 이 장에서는 일반적으로 합기도 수련에 널리 사용되는 기본적인 체조기능 8가지 기법을 소개하고자 한다.

1. 앞구르기

이 기법은 말 그대로 앞으로 구르는 것을 말한다. 앞구르기는 준비운동의 일환으로 그 활용도가 매우 높다. 이 기법의 핵심은 신체의 중심을 바로잡고 앞으로 반듯하게 굴러야 한다.

⑤　　　④　　　③　　　②　　　①

사진해설: 실시하는 방법은 《사진 ①》에서 앉으며 양손 짚을 장소와 거리를 확인한《사진 ②》 후 양손을 짚으며 무릎을 편다. 고개를 숙이면서 반듯하게 구른다《사진 ④》. 이때 머리는 지면에 닿지 않고 무릎은 굽히지 않고 굴러서 일어날 때 무릎을 접고 양손으로 잡으며 일어나 앉는다.

2. 뒤구르기

이 기법은 앞구르기의 반대 방향이다. 즉 뒤로 구른다는 것이다. 이론적으로는 앞구르기의 역순이라고 하지만 뒤구르기는 앞구르기가 충분히 단련되었을 때 수련하는 것이 바람직하다.

①　　②　　③　　④　　⑤

사진해설: 뒤구르기를 실시하는 방법은 바로 선 자세(〈사진 ①〉)에서 앉으며 양손을 어깨 위, 귀 옆에 붙인(〈사진 ②〉) 후 몸을 둥글게 해서 그대로 뒤로 굴러서 지면에 손을 짚고 다리는 굽히지 않는다(〈사진 ③〉). 구르기가 원활하게 이루어져서 발끝이 지면에 닿았을 때 양손에 힘을 주어(〈사진 ④〉) 일어나 앉은 후 시선은 손 짚은 지면을 향하게 한다(〈사진 ⑤〉).

앞·뒤구르기는 모든 체조기능 중에서 가장 기초가 되는 기법이다. 따라서 이 두 가지 기능을 원활하게 실시할 수 있도록 지속적인 단련이 뒷받침되어야 할 것이다.

3. 다리 벌려 앞·뒤 구르기

이 기법은 앞 장에서 배운 앞·뒤 구르기의 응용동작이다. 따라서 앞·뒤 구르기를 원활하게 실행하지 못하면 불가능하므로, 앞·뒤구르기의 단련이 충분히 이루어지지 못하였을 경우 실시하지 않는 것이 바람직하다.

사진해설: 다리 벌려 앞구르기를 실시하는 방법의 준비 및 시작자세(《사진 ①》)는 앞구르기와 동일(《사진 ②》)하지만 앞으로 굴러가면서 다리를 벌리고(《사진 ③》) 일어나면서 다리를 벌린 상태에서 양손은 무릎이 아닌 지면(《사진 ④》)을 짚으면서 일어난다.

이와 같은 동작을 익히기 위해서는 고관절의 유연성을 필요로 한다. 따라서 고관절의 유연성을 기르는 수련도 병행하여야 한다. 또한 이와 동일한 방법을 적용하여 역순으로 뒤구르기를 실시하면 다리 벌려 뒤구르기가 된다.

4. 무릎 펴서 앞·뒤 구르기

이 기법의 시작은 평범한 앞·뒤구르기와 동일하지만 그 내면적인 부분은 앞·뒤구르기 기법 중에서 가장 난이도가 높은 것이다. 따라서 앞 장에서 배운 구르기 기법을 모두 무리 없이 실시할 수 있을 때 가능하므로, 이의 단련이 충분히 이루어지지 못하였을 경우 실시하지 않는 것이 바람직하다.

⑤   ④   ③   ②   ①

사진해설: 무릎 펴서 앞·뒤구르기를 실시하는 방법은 바로 선 자세(〈사진 ①〉)에서 앉아서(〈사진 ②〉) 양손을 짚으며 앞으로 구를 때, 펴고 있는 다리를(〈사진 ③〉) 굽히지 않고, 다리의 전체 면이 지면에 닿을 때 양손을 골반 옆에 짚으며 싱체를 최대한 앞으로 숙였다가 한 번에 스프링처럼 팅겨서 일어나면서(〈사진 ④〉), 양손을 펴서 귀 옆에 붙이면서 머리 위로 들어 올린다(〈사진 ⑤〉).
이와 동일한 방법으로 뒤구르기를 실시하면, 무릎 펴서 뒤구르기가 완성된다.

5. 물구나무서기

　이 기법은 양손을 지면에 짚고 바로 서는 것을 말한다. 이 기능을 익히면 신체의 중심 잡기와 유연성 향상에 좋다. 특히 핸드스프링과 전방무성 낙법을 연마하는 데 절대적이다. 또한 물구나무서기를 무리 없이 실시할 수 있으면 다른 체조기능의 응용동작이 가능하므로 필수적으로 익히는 것이 바람직하다.

①　　　　②　　　　③　　　　④　　　　⑤

6. 손 짚고 옆 돌기

　이 체조기능은 말 그대로 손을 짚고 옆으로 돈다고 하여 일명, 물레방아기법으로 불린다. 이 기법은 앞 장에서 배운 물구나무서기를 무리 없이 실시할 수 있을 때 수련이 가능하다. 따라서 물구나무기법을 원활하게 실시하지 못하면 단련을 미루는 것이 바람직하다.

⑤　　　　④　　　　③　　　　②　　　　①

　사진해설: 손 짚고 옆 돌기를 실시하는 방법은 준비자세(《사진 ①》)에서 양손과 우족(무릎)을 접어서 들며 시선은 손 짚을 지면(《사진 ②》)을 본다. 우족을 내려놓으면서 손을 짚을 때 양손을 함께 짚는 것이 아니라 우·좌순으로 짚으며 반드시 고개를 들어 시선은 지면을 향하고 좌·우족 순으로 다리를 차올린(《사진 ③》) 후 좌족이 먼저 지면에 닿고 우족을 내려놓으면서 몸통을 회전방향(정면)으로 180° 돌아보며 양손은 굽히지 않고 귀 옆에 붙여 든다. 이상 모든 동작은 연결동작이다.
　이와 같은 손 짚고 옆 돌기를 좌·우를 고르게 단련하는 것이 바람직한 수련법이다.

7. 스프링 기법

이 체조기능은 스프링 기법(오뚝이·넥·헤드 스프링)으로 무엇보다 반사 신경(순발력·민첩성)이 원동력으로 작용하는 기능이라고 할 수 있다. 특히 하체와 복근의 단련이 뒷받침되어야 한다. 이 체조기능은 세 가지 기법 중에 하나만 실시할 줄 알면 나머지 두 가지는 쉽게 익힐 수 있다. 그만큼 상호 연관성이 깊다는 것이다.

오뚝이

①　　　②　　　③　　　④　　　⑤　　　⑥

사진해설: 스프링기법의 첫 단계인 오뚝이를 실시하는 방법은 바로 선 자세(《사진 ①》)에서 앉으며 양손을 짚고(《사진 ②》) 천천히 뒤구르기를 50%만 실시한(《사진 ③》) 후 순간 멈추며 다리를 접어서(《사진 ④》) 다리를 45° 각도로 차면서 양손은 밀고 상체를 스프링처럼 튕겨야 한다(《사진 ⑤》). 이때 이상 세 가지(다리, 팔, 상체) 동작을 반드시 동시에 실시해야만 (《사진 ⑥》)처럼 오뚝이가 완성된다.

그러나 초보자의 입장에서는 (《사진 ⑥》)과 같이 서는 것보다는 앉는 자세를 취하는 것이 바람직하다.

넥 스프링

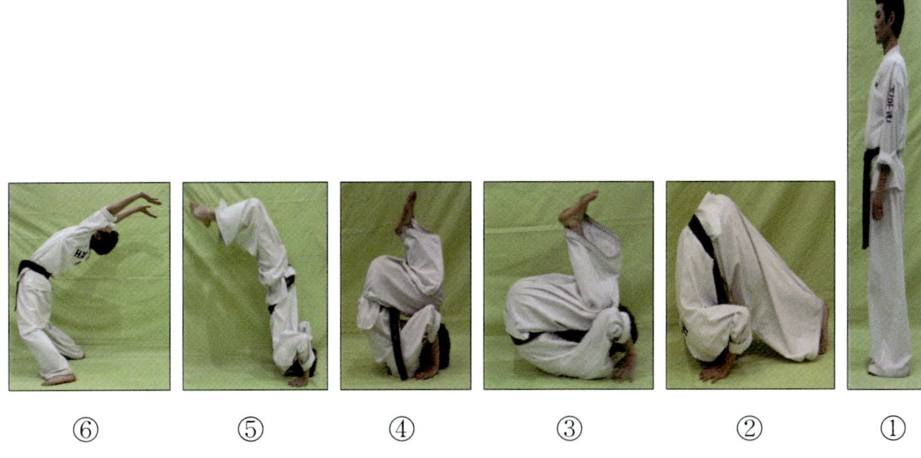

⑥ ⑤ ④ ③ ② ①

사진해설: 넥 스프링을 실시하는 방법은 《사진 ①》에서 앞구르기 자세를 천천히 취하며《사진 ②》 목(넥)이 지면에 닿았을 때 다리를 접어 순간 멈추었다가《사진 ③, ④》 다리를 45° 각도로 차며 양손은 밀고 상체를 스프링처럼 튕겨야 한다《사진 ⑤》. 이때 이상 세 가지(다리, 팔, 상체) 동작을 반드시 동시에 실시해야만 넥 스프링《사진 ⑥》이 완성된다.

그러나 초보자의 입장에서는 《사진 ⑥》과 같이 서는 것보다는 앉는 자세를 취하는 것이 바람직하다.

헤드 스프링

⑤ ④ ③ ② ①

사진해설: 헤드 스프링을 실시하는 방법은 《사진 ①》에서 양손을 지면에 짚으며 신정(이마)을 지면에 놓고《사진 ②》 천천히 다리를 들어서 접으면서《사진 ③》 다리를 전방 45° 각도로 차면서 양손은 밀고 상체를 스프링처럼 튕겨야 한다《사진 ④》. 이때 이상 세 가지(다리, 팔, 상체) 동작을 반드시 동시에 실시해야만 헤드 스프링이 완성된다《사진 ⑤》.

그러나 초보자의 입장에서는 〈사진 ⑤〉와 같이 서는 것보다는 앉는 자세를 취하다가 서서히 바로 서는 것이 바람직하며, 가능하면 이전의 기법인 오뚝이와 넥 스프링을 먼저 단련시킨 후에 수련하는 것이 순서이다.

8. 손 짚고 앞 돌기

이 기법의 명칭은 손 짚고 앞 돌기 또는 핸드스프링으로 불린다. 이 체조기능은 앞 장에서 배운 모든 체조기능을 무리 없이 능숙하게 실시할 수 있을 때 수련이 가능하다. 따라서 기초 수련자가 익혀야 할 체조기능 중에서 난이도가 가장 높은 기법이다. 특히 물구나무서기와 손 짚고 옆 돌기를 원활하게 실시할 수 있어야 한다.

⑥　　　⑤　　　④　　　③　　　②　　　①

사진해설: 손 짚고 앞 돌기를 실시하는 방법은 준비자세(《사진 ①》)에서 달려가다가 우족이 앞에 있을(《사진 ②》) 때 좌족과 양손을 동시에 들어 올린(《사진 ③》) 후 좌족을 놓으며 양손을 짚고 물구나무서기와 같은 동작을 실시하며(《사진 ④》) 달려온 탄력으로 다리가 90°를 넘어가더라도 머리를 들어 시선은 반드시 지면에 고정되어야만(《사진 ⑤》) 완벽한 손 짚고 앞 돌기를 실시할 수 있으며(《사진 ⑥》) 착지함과 동시에 시선은 정면을 주시하고 양손은 들어서 귀에 붙인다. 이상 모든 동작은 일순간에 이루어지는 연결동작이므로 안전이 확보된 매트 위에서 지속적인 단련을 필요로 한다.

또한 이 기법을 달려가면서 실시하면 직선운동을 순간 회전운동으로 전환시키는 탄력을 높일 수 있으므로, 이상과 같은 방법으로 천천히 달려가면서 실시하고 점차적으로 그 속력을 높이는 것이 바람직하다. 또한 초보자의 입장에서는 (《사진 ⑥》)과 같이 서는 것보다는 앉는 자세를 취하다가 점차적으로 완벽하게 서는 것이 올바른 수련방법이다.

'수련지침' 인내와 리듬의 중요성

합기도를 전수하는 지도자는 수련생의 기법향상을 위하여 필수적으로 강조하는 사항은 '본인의 실력은 인내하며 흘리는 땀방울의 숫자가 원동력'이 된다고 강조한다. 즉 반복적인 수련을 통하여 각각의 기법에 대한 리듬을 탈 수 있는 감각을 찾으라는 것이다.

제5장 낙 법

1. 낙법이란

　낙법이란 떨어질 낙(落), 법 법(法)자로서 떨어질 때의 방법이 그 본뜻이다. 불의의 사고나 외부로부터의 충격이 가해졌을 때 자신의 신체에 가해지는 충격을 최소화하면서 상해를 방지함을 목적으로 한다. 이러한 낙법의 단련은 낮은 자세로부터 시작하여 차츰 높은 자세로, 제자리에서의 단련을 차츰 이동하면서, 느린 속도에서 빠른 속도로 단련하는 것이다.

　합기도의 모든 기법은 낙법과 적지 않은 연관이 있다. 따라서 낙법을 배제한 합기도 기술은 그 의미가 없다고 할 정도로 낙법은 합기도 수련에서 매우 중요한 요소라고 강조해도 지나치지 않을 것이다. 합기도의 기법 수련 중 특히 호신술을 연마하려면 반드시 낙법을 수련해야 한다. 낙법은 호신술의 기법을 익힐 때 공중에서 지면으로 떨어져도 관절이나 근육에 상처를 입지 않고 안전하게 착지하기 위함을 목적으로 수련하는 것이다.

2. 낙법의 중요성

　자신의 신체에 균형을 상실하여 시면에 넘어질 때 최대한의 안선을 유지하기 위하여 행하는 것이 바로 낙법인 것이다. 이렇게 낙법을 수련함에 있어서 특히 중요한 것은 뇌와 심장을 보호하는 점을 잊어서는 아니 된다. 또한 모든 낙법에서는 머리가 지면에 절대 닿지 말아야 함을 잊지 말아야 한다.

　낙법의 원리: 원처럼 둥글고 부드럽게 행한다.

　낙법의 종류: 유성낙법(有聲落法): 소리가 나는 낙법

　무성낙법(無聲落法): 소리 없는 낙법

　낙법의 명칭: 전방, 후방, 측방, 회전, 구르기(고양이)

　본서는 합기도 수련에 입문하여 초단과정까지의 기법을 소개하고 있다. 따

라서 합기도의 낙법에는 고난이도의 기법을 요구하는 현란하고 화려한 부분
도 많지만, 본 장에서는 낙법의 모든 기법을 초급자가 쉽게 이해할 수 있도록
기초적인 소개를 하고자 한다.

3. 전방 낙법

이 낙법은 앞으로 넘어질 때 안전하게 착지하기 위하여 실시하는 낙법이다.
또한 합기도 수련 중 낙법을 전수받을 때 가장 처음 배우게 되는 기법이 바
로 전방 낙법이다.

① ② ③ ④ ⑤

사진해설: 전방 낙법을 실시하는 방법은 맨 처음 정좌한 자세에서 양손을 펴서 삼각
형을 만든(《사진 ①》) 후 그대로 지면에 양손 팔꿈치가 닿도록 짚은(《사진 ②》) 다음
복근에 힘을 주며 양다리를 뒤로 뻗어 전체적인 무게 중심이 삼각형을 이루도록 하
며 고개는 안면보호를 위해 좌로 돌린 것이 전방 낙법 완성된 자세(《사진 ③》)이다.
낙법이 끝나면 우측 무릎을 지면에 놓고(《사진 ④》) 일어나면서 좌족을 앞에 놓고
공격과 방어가 용이한 자세(《사진 ⑤》)를 취한다.

4. 전방무성 낙법

　전방무성 낙법은 앞으로 넘어질 때 안전하게 착지하기 위하여 실시하는데 소리 없이 실시하는 낙법이다. 또한 이 낙법은 초보자가 배우고 익히기엔 다소 어려움이 있다. 모든 합기도 낙법이 실전적이기는 하지만 특히 전방무성 낙법은 실전에서보다는 시범적인 기법으로 많이 활용되고 있다.

　이 낙법을 익히기 위해서는 체조기능 중 물구나무서기를 원활하게 실시할 수 있으면 많은 도움이 된다. 따라서 체조기능을 조금 익혀 두는 것은 전방무성 낙법을 실시할 때 긍정적인 영향을 미친다고 할 수 있다.

①　　　　　②　　　　　③　　　　　④

5. 후방 · 후방무성 낙법

　후방 낙법은 중심을 잃고 뒤로 넘어질 때 신체에 무리가 없이 안전하게 뒤로 착지하여 구르는 것으로서 전방 낙법의 반대 방향이다. 또한 후방무성 낙법은 후방 낙법과 동일한 개념이지만 소리 없이 착지하여 구른다는 것을 인식하기 바란다. 모든 낙법의 핵심이 그러하듯 후방 낙법에서도 절대 머리가 지면에 닿아서는 안 된다. 후방 낙법 · 후방무성 낙법은 좌 · 우족 어느 쪽이 먼저 뒤로 물러나며 실시해도 무방하지만 가능하면 좌 · 우를 고르게 익히는 것이 실전 사용가치가 높다고 할 수 있다. 그러나 본서에서는 좌족이 뒤로 물러나는 것을 소개하고자 한다.

측면사진

　　⑤　　　　　　④　　　　　　③　　　　　　②　　　　　①

　사진해설: 후방 낙법·후방무성 낙법을 실시하는 방법은 바로 선 자세(〈사진 ①〉)에서 좌족이 뒤로 일보 빠지며 무릎 앉으며(〈사진 ②〉) 뒤로 넘어지면서 양다리는 어깨 넓이를 유지하며 중심이 우측 어깨를 향하게 한 후 머리는 들어서 좌측을 향하게 하면서 양손은 몸통으로부터 45° 이상 벗어나지 않게 지면을 강하게 친다(〈사진 ③〉). 이때 반드시 양손이 몸통(등)보다 먼저 지면에 닿아야만 충격을 흡수하면서 원활한

후방 낙법이 이루어진다. 《사진 ③》에서 지면을 강하게 치며 뒤로 구르면서 일어날 때는 우측 어깨를 타고 굴러서 일어나며 좌측 다리를 벌려 중심을 잡은《사진 ④》 후 정면을 보면서 좌족을 앞에 놓으면서 공격과 방어가 용이한 자세《사진 ⑤》를 취한다.

정면사진

①　　　　②　　　　③　　　　④　　　　⑤

6. 후방점프 낙법

앞 장에서 배운 후방 낙법·후방무성 낙법의 단련을 통하여 원활하게 실시할 수 있을 때 가능한 낙법이 후방점프 낙법이다. 이 낙법은 말 그대로 후방 낙법을 실시하되 점프를 하는 것이다. 합기도의 모든 낙법이 그러하듯 특히 후방점프 낙법은 낮은 자세에서 정확하게 익힌 후 점차적으로 그 고도를 높여 가며 수련해야 한다.

사진해설: 후방점프 낙법을 실시하는 방법은 후방 낙법과 유사하지만 시작하는 부분이 다르다. 양 무릎 쪼그려 앉으며 호흡을 흡입하여 멈춘《사진 ①》 후 위로 점프를 해서《사진 ②》 양다리를 함께 위를 향해 뻗으며 상체를 뒤로 넘긴다《사진 ③》.

이때 양손이 몸통보다 먼저 지면에 닿아야 한다. (《사진 ④》)에서 지면을 강하게 치며 뒤로 구르면서 일어날 때는 우측 어깨를 타고 굴러서 일어나며 좌측 다리를 벌려 중심을 잡은(《사진 ⑤》) 후 정면을 보면서 좌족을 앞에 놓으면서 공격과 방어가 용이한 자세(《사진 ⑥》)를 취한다.

⑥　⑤　④　③　②　①

7. 측방 낙법

측방 낙법은 옆으로 착지하는 낙법으로서 좌 측방 낙법과 우 측방 낙법으로 구분된다. 따라서 이 낙법은 실행방법과 착지하는 모션은 같지만 방향이 반대라는 점만 다르므로 본서에서는 우 측방 낙법만을 소개하지만 반드시 좌우를 고르게 단련시켜야 함을 인식하기 바란다.

이와 같은 측방 낙법은 합기도의 호신술 수련에 가장 많이 활용된다고 할 수 있다. 즉 상대가 손목을 꺾으면 지면에 떨어지게 되는데 이때 실시하는 낙법이 바로 측방 낙법인 것이다.

사진해설: 측방 낙법을 실시하는 방법은 바로 선 상태에서 다리를 어깨 넓이로 벌리며 좌수로 띠를 잡고 우수는 수평(어깨높이)으로 든(《사진 ①》) 후 우족이 좌족 앞으로 일보 전진하면서 우측 팔도 함께 이동(《사진 ②》)하면서, 그대로 우측면 옆으로 착지하면서 (《사진 ③》)과 같이 좌족은 지면으로부터 수직을 유지하고, 우족의 각도는 90°를 유지하며 좌수는 띠를 잡고 우수는 몸통과의 각도가 45°를 벗어나지 않게

지면을 친다. 이때 시선은 반드시 우족 엄지발가락을 주시하는 이유는 머리가 지면에 닿는 것을 방지하기 위함이다. 이렇게 측방 낙법을 실시한 후에는 앞 장에서 배운 후방 낙법으로 굴러서(〈사진 ④〉) 일어난(〈사진 ⑤〉) 후 정면을 보면서 좌족을 앞에 놓으면서 공격과 방어가 용이한 자세(〈사진 ⑤〉)를 취한다.

④　　　　　　　　　⑤　　　　　　　　　⑥

합기도의 모든 낙법은 명칭과 실행방법에 관계없이 두상(머리)이 지면에 절대 닿지 말아야 한다. 즉 머리가 지면에 닿는 낙법은 이미 낙법의 기능을 상실한 것이다.

8. 공중회전 낙법

　이 낙법의 명칭은 공중회전 혹은 전면회전 낙법으로 불린다. 이 공중회전 낙법은 앞 장에서 배운 좌·우 측방 낙법을 정확하고 무리 없이 실시할 수 있을 때 그 수련이 가능하다. 따라서 공중회전 낙법도 좌·우측을 고르게 단련함이 바람직하다. 그러나 본서에서는 좌측 공중회전 낙법을 소개하고자 한다. 이 낙법은 호신술을 연마하는 데 필수적이라 할 수 있으며 또한 합기도 시범용으로도 그 활용도가 매우 높은 고난이도 낙법이다.

④　　　③　　　②　　　①

⑤　　　　　　　⑥

사진해설: 공중회전 낙법의 실시방법은 준비자세(《사진 ①》)에서 뒷발(우족)을 들면서 우수는 주먹을 쥐고 내려치는 자세를 취한(《사진 ②》) 후 우수와 우족을 힘껏 내려놓으며 도약(점프)하고 뒷발(좌족)은 힘껏 뒤로 차(《사진 ③》)올리며 공중으로 점프하여 한 바퀴 회전하면서(《사진 ④, ⑤》) 좌 측방 낙법으로 안전하게 착지(《사진 ⑥》)한다.

9. 구르기 무성 낙법

　이 낙법은 합기도 무성 낙법의 대표적인 기법으로서 일명 고양이 낙법으로
많이 알려져 있다. 구르기 무성 낙법은 보기에는 쉬워 보이지만 막상 수련에
임해 보면 결코 만만치 않은 기법 중 하나이다. 따라서 낮은 자세에서 좌·
우측을 천천히 정확하고 고르게 단련한 후 점차적으로 그 높이와 거리를 늘
려 가며 수련에 임해야 한다.

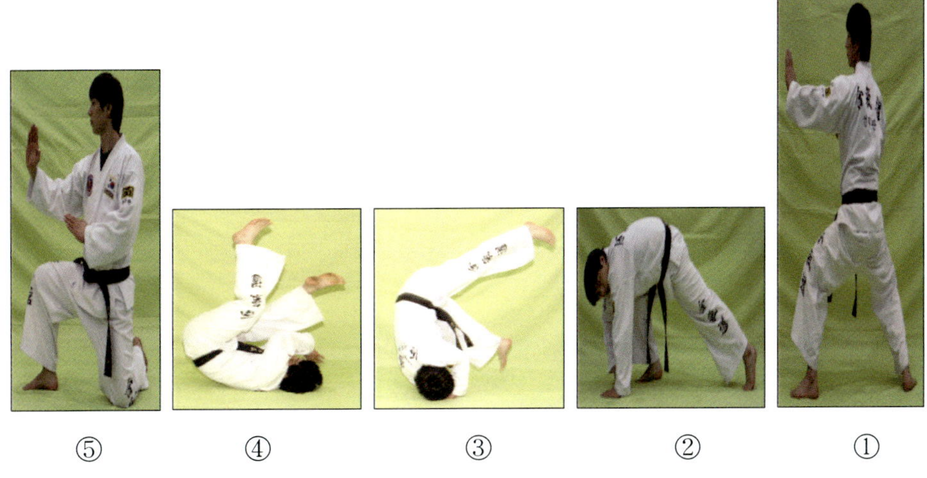

⑤　　　　④　　　　③　　　　②　　　　①

　사진해설: 구르기 무성 낙법을 실시하는 방법은 준비자세(〈사진 ①〉)에서 뒤발(우족)
이 일보 전진하면서 좌수는 바로 짚고 우수는 반대 방향으로 짚는다(〈사진 ②〉). 이
때 고개는 좌로 돌리고 우족과 좌수 넓이는 어깨 넓이이며 우수는 가운데 위치한다.
우측 팔과 몸을 전체적으로 둥글게 해서 반듯하게 구른다(〈사진 ③. ④〉). 이때 머리
는 절대 지면에 닿지 말아야 한다. 낙법을 실시한 후 일어나서 공격과 방어가 용이
한 자세(〈사진 5〉)를 취한다.

10. 구르기 측방 낙법

이 낙법은 앞 장에서 배운 구르기 무성 낙법과 측방 낙법의 연속 기법이다.
즉 구르기 무성 낙법(고양이 낙법)을 실시한 후 측방 낙법을 실시하는 것이다.
이 낙법은 구르기 무성 낙법보다 그 역사가 길다. 합기도의 모든 낙법이 그러
하듯 이 낙법에서도 절대 머리가 닿지 말아야 하며 천천히 정확하게 좌・우
측을 단련한 후 점차적으로 그 거리와 높이를 늘려 가며 수련해야 한다.

⑤ ④ ③ ② ①

사진해설: 구르기 측방 낙법을 실시하는 방법은 준비자세(《사진 ①》)에서 구르기 무
성 낙법의 처음 자세와 동일한 자세를 취한(《사진 ②》) 후 구르기 무성 낙법과 동일
한 방법으로 구르고(《사진 ③》) 측방 낙법을 하면서(《사진 ④》) 일어난 후 우족이 일
보 전진하면서 공격과 방어가 용이한 자세(《사진 ⑤》)를 취한다.

제6장 호신술

제6장 호신술

1. 호신술이란

호신술은 합기도의 대표적인 명사임과 동시에, 합기도의 꽃으로 불리고 있다. 이러한 호신술을 문자 그대로 해석하면, 보호할 호(護), 몸신(身), 재주 술(術) 자로서, 이는 예기치 못한 상황에서 상대로부터 '돌발적인 공격을 당했을 때, 자신의 몸을 안전하고 효과적으로 방어하는 기술'이라 정의할 수 있다.

합기도 호신술의 기법은 크게 두 종류로 구분할 수 있다. 상대의 공격에 대해 한두 가지의 기법을 반사적으로 사용하여 제압하는 것이다. 즉 단수로 거의 모든 기술이 이루어지는 것이 있는 반면, 삼대원리 중 하나인 전환법을 활용한 다양하면서 화려한 동작으로 연출되는 기법들이 있다. 이러한 전환기법은 실전 사용가치보다는 시합이나 시범용으로 널리 활용되고 있는 실정이다. 그러나 이 두 가지 기법을 내면적으로 접근해 보면, 상대 공격에 대응하여 손목이나 팔꿈치, 어깨 등의 관절을 잡아서 꺾은 뒤 제압하는 기술과, 상대의 급소(혈·맥)를 치거나 잡아서 상대의 공격을 무력화시키는 것을 목적으로 한다.

2. 호신술의 특징

호신술을 연마할 때 상대는 언제나 자신보다 강자라고 여기고 집중력과 자신감을 발휘하여 상대방이 공격해 오는 힘을 역류법을 활용하여 역으로 이용해서 제압하고, 공격이 들어갈 때는 심화법의 원리를 적용해서 상대의 가장 약한 부분인 관절과 급소, 약소, 혈, 맥, 신경 집중체 등을 공격한다. 이때 자신의 힘을 한곳에 모아(合氣)서 순식간에 공격함으로써 상대에게 치명상을 준다. 또한 호신술에는 꺾기, 치기, 던지기 등으로 기법을 세분화할 수 있는데, 대다수 기법들이 꺾기에 집중(70%)되어 있으며, 특히 관절기법의 활용도가 가장 많다고 할 수 있겠다.

3. 호신술의 종류

호신술은 주어진 상황과 형태에 따라 다양하게 수련·단련되고 있다. 즉 공격자와 방어자 모두가 서 있는 상태에서 실시하는 기법인 '입기술'이 있고, 방어자는 앉아 있는 상황에서 공격자는 서거나 앉은 상태에서 공격을 실시할 때 사용하는 기법은 '좌기술'이라 하고, 방어자가 누워 있는 상황에서 상대가 공격해 올 때 방어하는 기법을 '와기술'이라 칭한다.

이러한 호신술은 상황과 기술별로 또다시 세분화하면 다음과 같다.

기초 호신술: 손목 빼기술, 손목 꺾기술, 기본 제압술.

일반 호신술: 손목수(한손, 엇손, 양손, 앞·뒤), 의복수(옷소매, 멱살, 어깨, 뒷덜미, 혁대).

응용 호신술: 머리카락, 목 깍지 잡혔을 때, 목 조를 때(정면, 측면, 후면).

여성 호신술: 앞, 뒤에서 껴안았을 때, 껴안으려 할 때, 방투술.

특수 호신술: 방권술(주먹 막기), 방족술(발 막기), 방검술(칼 막기), 단봉술, 단장술(지팡이술), 부채술.

이상과 같이 분류할 수 있다. 위 모든 기법들은 삼대원리인 전환법·역류법·심화법을 이용하여 300여 가지의 기법으로 표현할 수 있으며, 이를 응용하여 5,000여 수 이상의 무궁무진한 변형기법으로 실전 연출이 가능하다. 이렇게 방대한 호신술을 어떻게 사람으로서 배우고 익힐 수 있을지에 대해 의문을 갖는 것이 일반적인 견해지만, 일단 기본 술기가 신체에 단련되면 이에 따른 변형된 술기를 배우고 익히는 것은 매우 흥미롭다는 것이 호신술이 지닌 최대 장점인 것이다.

🥋 사진해설: 합기도 수련 중 호신술과 대련을 실시할 때는 어김없이 마주본 상태(《사진 ①》)에서 상호간의 예의를 갖추는데, 그 방법은 입례(《사진 ③》)와 좌례(《사진 ②》)이다.

4. 호신술의 기초

합기도의 모든 기법을 단련할 때 기초가 매우 중요하다. 특히 호신술에서도 기본적인 술기의 비중이 높은데, 호신술에서 기초는 손목 빼기술·손목 꺾기술·기본 제압술이 그것이다. 따라서 본 장에서는 실전적인 호신술을 배우고 익히기 위해서는 반드시 필요한 기초과정을 소개하고자 한다. 또한 본서에서는 한 쪽만을 소개하고 있으나 반드시 좌·우를 고르게 단련해야 하며 그 방법은 동일하다.

1) 손목 빼기술

합기도 수련에 입문하여 호신술을 배울 때 가장 처음 전수받는 기법이 손목 빼기술이다. 이 기법은 상대가 손목을 잡았을 때 무리 없이 뺄 수 있도록 만들어진 호신술의 기초다. 본 장에서는 기본적인 손목 빼기술 7수에 해당하는 기법을 소개하고자 한다.

제1수

① ② ③

🖐 사진해설: 손목을 잡혔을(〈사진 ①〉) 때 우족 반보 전진하며 잡힌 손을 허리에 당겨
서(〈사진 ②〉) 45° 하향으로 누르면서 돌려서 뺀다(〈사진 ③〉).

제2수

① ② ③

🖐 사진해설: 상대에게 손목을 잡혔을(〈사진 ①〉) 때 우족 반보 전진하며 잡힌 손을 위
로 들어 당겨서(〈사진 ②〉) 일순간에 45° 상향(상대 귀 쪽)으로 밀면서 올려 뺀다
(〈사진 ③〉).

제3수

🦶 사진해설: 상대에게 손목을 잡혔을(〈사진 ①〉) 때 우족 반보 전진하며 잡힌 손을 허리에 당겨 붙여서(〈사진 ②〉) 좌족 180° 뒤로 이동하면서 측면 옆으로 돌려서 뺀다(〈사진 ③〉).

제4수

🦶 사진해설: 상대에게 손목을 잡혔을(〈사진 ①〉) 때 우족 반보 들어 올려(〈사진 ②〉) 상대 대각선으로 밀면서 좌족 45° 당기며 뺀다(〈사진 ③〉).

제5수

사진해설: 상대에게 손목을 잡혔을(《사진 ①》) 때 좌족 반보 대각선 방향으로 이동하며 허리에 붙이며(《사진 ②》) 우족 전진하면서 손을 등에 붙여(《사진 ③》) 동시에 좌족 뒤로 180° 전환하면서 뒤로 돌려서 뺀다(《사진 ③》).

제6수

사진해설: 손목 잡혔을(《사진 ①》) 때 우족 반보 나가며 당겨서(《사진 ②》) 밑에서 위로 나선형으로 돌려서(《사진 ③》) 밑으로 내리며 뺀다(《사진 ④》).

제7수

사진해설: 한 손목 잡혔을(《사진 ①》) 때 우족 반보 나가며 밑으로 눌렀다가(《사진 ②》) 안쪽으로 감아 당겨서(《사진 ③》) 상대 귀를 향해 직선으로 밀어서 뺀다(《사진 ④》).

2) 손목 꺾기술

호신술의 첫 번째 기초과정은 손목 빼기술이며, 이 기법 다음에는 기본적인 손목 꺾기술을 배우게 되는데 이것이 관절기법의 기초라고 할 수 있겠다. 따라서 본 장에서는 상대의 손목관절을 꺾는 방법을 익히고자 기본적인 다섯 가지 기법을 소개하고자 한다.

호신술의 핵심

합기도 호신술의 기본적인 목적은 강하고 큰 힘에 대응하여 약하고 작은 힘으로 기법이 완성될 때 비로소 그 가치가 인정받는다. 즉 강자의 힘으로 약자를 이기는 것은 합기도 호신술이 아니다.

사진해설: 기본적인 손목 꺾기술을 연마하고자 할 때에는 상대와 마주 선 상대에서 우수를 들어 주며 이를 꺾고자 하는 사람이 좌수로 잡는다(〈사진 ①〉). 우족 일보 전진하며 우수로 상대 손등을 감싸 잡으면서 상대 쪽으로 꺾은(〈사진 ②〉) 후 우족 축으로 좌족 180° 뒤로 이동을 하며 상대 손목을 아래로 감아 꺾는다(〈사진 ③〉).

이와 같은 동작은 1수에서 5수까지 동일하게 적용된다. 따라서 지금까지의 손 모양과 발의 움직임을 반드시 숙지해야만 무난하게 꺾기술을 익힐 수 있다. 이상의 동작 중 발의 움직임은 p.40의 전환법 스텝임.

이상과 같은 방법으로 꺾으면. 〈사진 ④. ⑤〉와 같이 상대는 공중회전을 돌아 안전하게 지면에 측방 낙법으로 착지(〈사진 ⑥〉)하게 된다.

이와 같은 동작은 다음 장에서 배우게 될 제압술이 여기서 시작되므로 〈사진 ①~⑥〉까지의 모든 동작과 그 방법을 자세하게 반드시 익혀 두기 바란다.

합기도 수련 시 담력정쾌(膽力精快)란 상대에 대하여 심리적으로 자신감을 가지고,

공격과 방어에 임할 때에는 합기를 이룬 힘(氣)으로 상대의 허점을 정확하면서 빠르게 대응하라는 것이다.

제1수

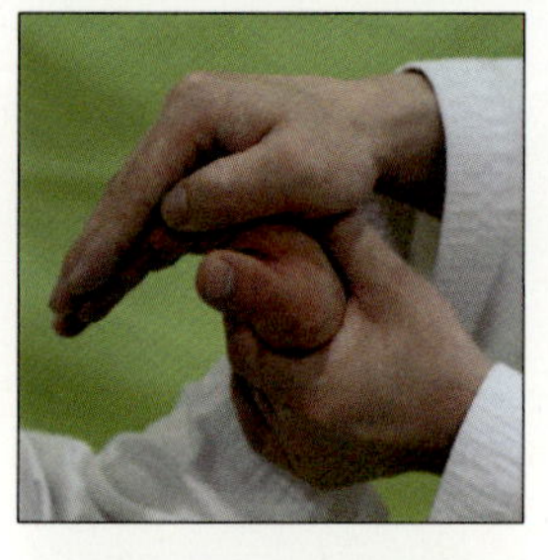

🦅 사진해설: "상대 손목을 꺾을 때 좌수는 상대의 손을 잡고" 이 동작은 1~5수까지 동일하게 적용됨. 우수 손바닥을 상대 손등에 포개어 밀착하며 감아서 꺾는다.

제2수

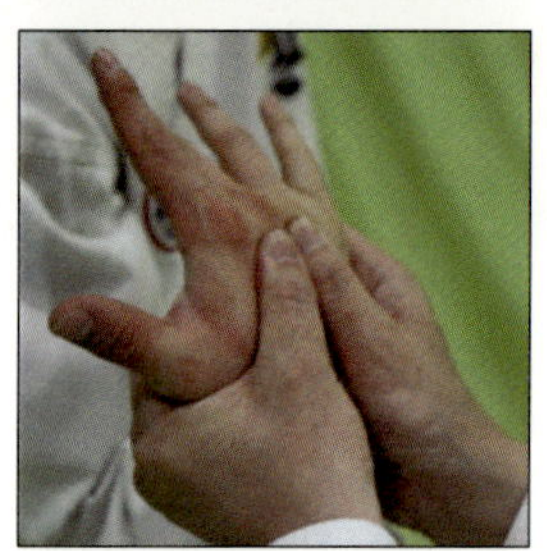

🦅 사진해설: 양손 엄지를 상대 손등에 대고 눌러서 꺾는다.

제3수

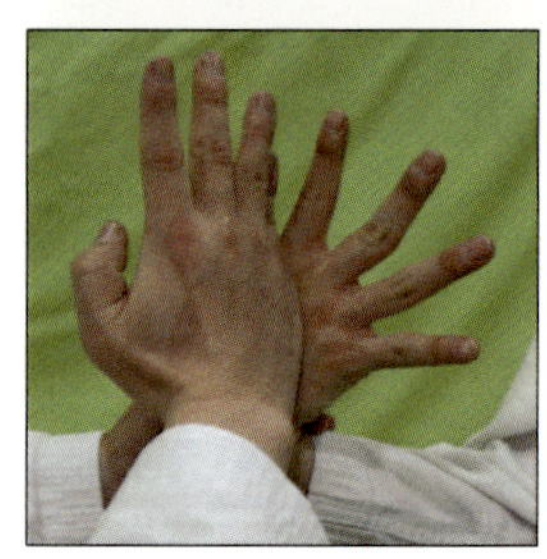

🦅 사진해설: 수도를 상대 손등에 대각선으로 대고 지로 눌러서 꺾는다.

제4수

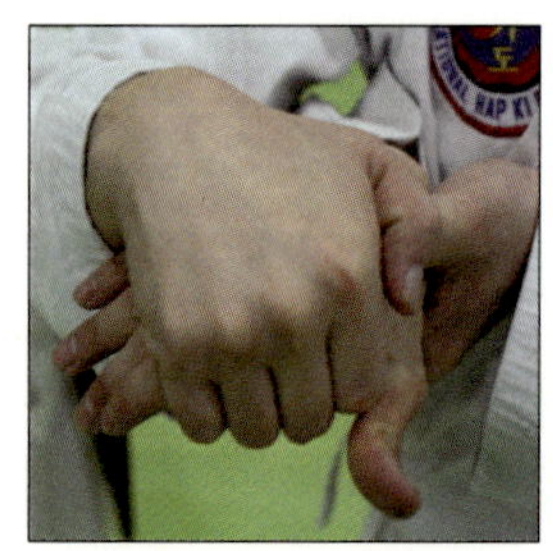

🦅 사진해설: 상대의 역수도를 감싸 쥐면서 지로 눌러 꺾는다.

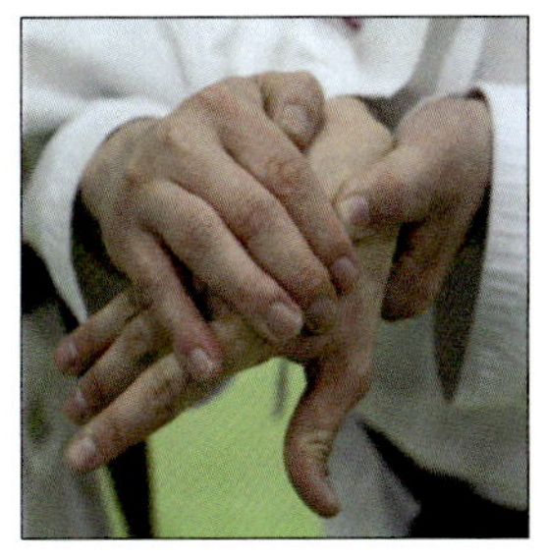

제5수

3) 기본 제압술

빼기술은 상대에게 잡힌 손목을 무리 없이 빼내는 기법이며, 꺾기술은 상대방의 손목 관절을 꺾는 공격기법이라고 할 수 있으며, 제압술은 선제공격을 실시한 상대가 더 이상의 공격·반항하지 못하도록 하는 호신술의 마무리 기법이라고 할 수 있다. 따라서 합기도 호신술 실전기법의 끝머리에는 반드시 제압술이 등장한다. 본 장에서는 합기도 초단과정에서 익혀야 할 기본적인 제압술의 7가지 기법을 소개하고자 한다.

♣ 제압술은 꺾기술(p.101의 사진 ⑥)에서 시작된다.

제1수

제2수

제1수: 꺾어서 넘어진 상대를 우 무릎으로 상대 팔꿈치를 누르면서 손목을 꺾으며 당긴다. 이 기법은 제압술의 가장 기본이다.

제2수: 일반적으로 이 수는 위의 1수를 진행한 후, 상대 팔꿈치를 양 무릎 사이에 넣어서 좌로 틀며 위로 당겨 주는 기법이다.

제3수

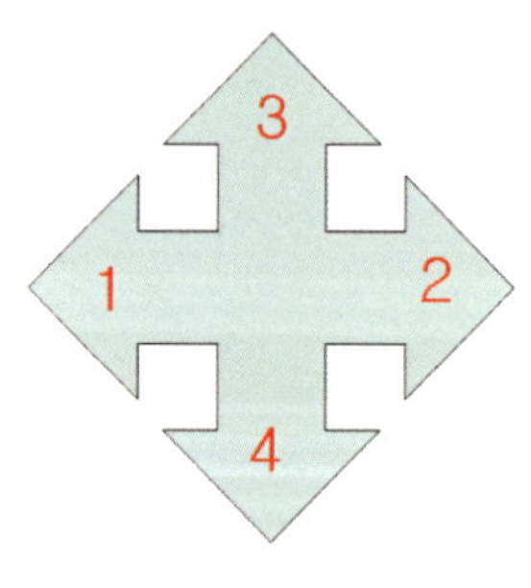

제4수

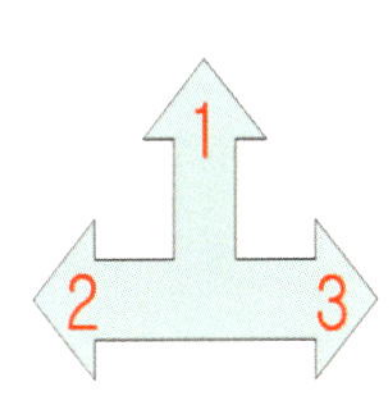

임전무퇴(臨戰無退)는 유비무환(有備無患) 되었을 때 가능하다. 즉 불의를

제5수

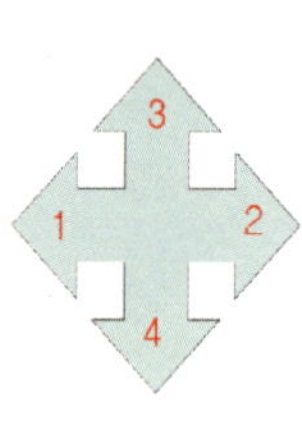

보고도 물러설 수밖에 없는 것은 합기도 수련을 통한 강인한 자신감이 없기 때문이다.

사진해설: 《《사진 ①》》은 앞 페이지 4수의 《《사진 ②》》까지의 동작이 연결되며, 우수
로 상대 중팔(소해혈)을 잡은(《사진 2》) 후 좌족 무릎 앉으며 몸을 180° 틀며 좌수
는 당기고 우수는 상대 팔 사이에 넣어 + 자 꺾기를 하고(《사진 3》) 상대의 머리를
당기며 마무리(《사진 4》)한다.

제6수

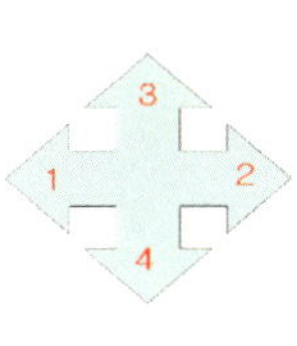

사진해설: 꺾어서 넘어진 상대 팔목을 우수로 감아쥐면서(《사진 1》) 좌 무릎 앉으며

상대 팔꿈치를 무릎에 대고 밀면서 팔을 당기면(《사진 2》) 상대가 돌아갈 때 무릎 밑에서 좌수로 손을 바꿔 잡으며(《사진 3》) 우족 축으로 좌족이 상대 몸통 위로 건너가서 돌아 무릎 뒤(위양)에 상대 팔을 넣고 앉아서 머리를 당기며 제압한다.

제7수

사진해설: p.105의 제압술 4수를 진행한 후 몸을 180° 틀면서 좌 무릎으로 상대 어깨와 견갑골을 눌러 제압한다.

5. 한 손목 잡혔을 때

제1수

① ② ③ ④

사진해설: 상대가 손목을 잡으면(《사진 ①》) 좌족 전진 들어 올려 밀어 빼면서(《사진 ②》) 우족 전진하면서 우수도로 상대 천용(목)을 치면서(《사진 ③》) 좌족 전진하며 좌 팔꿈치로 다시 천용을 친다.

제2수

사진해설: 상대가 손목을 잡으면(《사진 ①》) 우족 전진하면서 우수도로 상대 손목(태
연맥)을 치고(《사진 ②》) 좌족 전진 좌 팔꿈치로 가슴(명치)을 올려치고 등권으로 면
상을 친다.

제3수

사진해설: 상대가 손목을 잡으면(《사진 ①》) 좌족 전진하면서 우수로 상대 손목 잡
으며 흘려 빼면서(《사진 ②》) 우족 90° 이동하면서(《사진 ③》) 좌수로 상대 팔 감싸
잡고 좌족으로 상대 다리 걸면서 중팔 꺾어 밀어서(《사진 ⑤》) 넘어지면 머리 당겨

제압한다(《사진 ⑥》).

 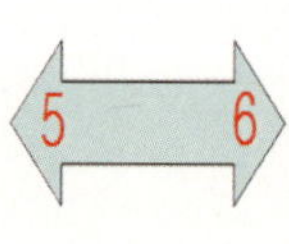 

제4수

①　　　　　②　　　　　③　　　　　④

⑤

사진해설: 상대에게 한 손목을 잡히면(《사진 ①》) 위로 돌려 상대 손목을 잡으며(《사진 ②》) 빼기술 2수를 실시하며 위로 올려 빼고(《사진 ③》) 꺾기술 1수를 실시하여 손목을 꺾어서(《사진 ④》) 상대가 넘어지면 제압술 1수로 처리한다(《사진 ⑤》).

제5수

사진해설: 상대가 한 손목을 잡으면(〈사진 ①〉) 빼기술 6수(〈사진 ②〉)와 같이 돌려서 우수 엄지로 상대의 합곡혈을 잡아(〈사진 ③〉) 빼면서 좌족 축으로 우족 90° 이동하면서 좌수도로 상대 중팔(천정)에 전환칼 넣어서(〈사진 ④〉), 상대가 넘어지면(〈사진 ⑤〉) 상대 우 천정을 무릎으로 누르면서 머리를 당기며 제압한다.

제6수

사진해설: 상대가 한 손목을 잡으면(《사진 ①》) 우수로 상대 손목을 잡으며 위로 올려 당기며(《사진 ②》) 좌수로 안 칼 넣으며 한 바퀴 돌려서(《사진 ③》) 좌족 축으로 우족이 뒤로 180° 전환하면서(《사진 ④》) 밑으로 당겨 꺾어서 상대가 넘어지면 그대로 제압처리 한다(《사진 ⑤》).

제7수

① ② ③ ④

⑤

사진해설: 상대가 한 손목을 잡으면(《사진 ①》) 좌 반족 전진하면서 잡힌 손을 안으로 돌리며 위로 감아 잡아서(《사진 ②》) 우족으로 상대 다리 걸면서(《사진 ③》) 동시에 우수로 상대 가슴을 밀어서(《사진 ④》) 넘어지면 제압처리 한다(《사진 ⑤》).

제8수

① ② ③ ④

⑤

사진해설: 상대가 한 손목을 잡으면(《사진 ①》) 좌 반족 전진하면서 안으로 돌리며 위로 감아 잡아서(《사진 ②》) 우족 전진하면서 좌수는 당기고 우수로 상대 허리 감아 잡으며(《사진 ③》) 그대로 상대를 들어서 업어치기를 실시한(《사진 ④》) 후 제압 처리 한다.

6. 엇갈려 잡혔을 때

제1수

사진해설: 엇갈려 한 손목을 잡으면(《사진 ①》) 우로 돌려 들어 빼서(《사진 ②》) 우족 90° 이동하면서 꺾기술 3수 실행(《사진 ③》) 후 제압처리 한다.

제2수

사진해설: 상대가 엇갈려 잡으면(《사진 ①》) 좌수로 잡으며(《사진 ②》) 좌·우족 전환 외내기로 꺾으며(《사진 ③》) 제압처리 한다(《사진 ④》).

제3수

①   ②   ③   ④

🦶 사진해설: 상대가 엇갈려 잡으면(《사진 ①》) 좌로 원 돌려 잡으며(《사진 ②》) 중팔 (천정) 칼 넣기 실시(《사진 ③》) 후 제압처리 한다.

제4수

①   ②   ③   ④

🦶 사진해설: 상대가 엇갈려 잡으면(《사진 ①》) 좌수로 상대 손등을 누르면서 잡아(《사 진 ②》) 좌로 돌려 들며 우수도를 세워서(《사진 ③》) 그대로 손목(아구) 칼 넣기 실 시 후 제압처리 한다(《사진 ④》).

제5수

사진해설: 상대가 엇갈려 잡으면(《사진 ①》) 지로 눌러서(《사진 ②》) 순간 들어 올리
며 좌수로 상대 손목을 잡고(《사진 ③》) 겨드랑이 꺾기(《사진 ④》) 후 제압처리 한다.

제6수

사진해설: 엇갈려 잡히면 좌족 전진하며 밑으로 눌러(《사진 ①》) 상대 팔 밑으로 우·
좌족 전환 손목 꺾고(《사진 ②》) 앞으로 던진(《사진 ③》) 후 제압처리 한다.

제7수

🥋 사진해설: 엇갈려 잡으면 잡힌 손을 펴고(《사진 ①》) 좌족 전진하면서 손바닥이 위를 보게 하며 옆구리로 상대 중팔을 치며(《사진 ②》) 우·좌족 전환하며 꺾기술 3수 실시(《사진 ③》) 후 상대가 넘어지면 제압처리(《사진 ④》) 한다.

7. 두 손에 한 손목 잡혔을 때

제1수

사진해설: 잡히면(〈사진 ①〉) 수도로 손목(태연맥)을 치며(〈사진 ②〉) 각권으로 인우
(목)(〈사진 ③〉)를 친다.

제2수

사진해설: 두 손에 한 손목을 잡히면 밑으로 내렸다가(〈사진 ①〉) 순간 들어 올리며
(〈사진 ②〉) 좌족 전진해서(〈사진 ③〉) 겨드랑이로 꺾는다(〈사진 ④〉).

제3수

사진해설: 상대가 두 손으로 한 손목을 잡으면(〈사진 ①〉) 우 반족 전진하며 양손으로
맞잡아서(〈사진 ②〉) 좌·우족 전환 외내기로 꺾어 앉으며(〈사진 ③〉) 제압처리 한다.

제4수

▶ 사진해설: 상대가 두 손으로 한 손목을 잡으면 잡힌 손을 밑으로 뻗는(《사진 ①》)
순간 우로 돌려 들어(《사진 ②》) 좌족 90° 이동하며 꺾기술 3수 실행(《사진 ③》) 후
제압처리 한다(《사진 ④》).

제5수

▶ 사진해설: 상대가 두 손으로 한 손목을 잡으면 잡힌 손을 위로 돌려 들면서(《사진
①》) 좌족 전진 좌수도로 상대 중팔(《사진 ②》) 꺾으며(《사진 ③》) 제압처리 한다
(《사진 ④》).

제6수

사진해설: 상대가 두 손으로 한 손목을 잡으면 우족 전진하며 수평으로 좌수 빼고(《사진 ①》) 중팔로 돌려 잡아(《사진 ②》) 업어치기(《사진 ③》) 후 제압처리 한다(《사진 ④》).

제7수

사진해설: 상대가 두 손으로 한 손목을 잡으면 밑으로 내린(《사진 ①》) 순간 들어올리며(《사진 ②》) 장권으로 밀면서(《사진 ③》) 제압처리 한다(《사진 ④》).

8. 앞·뒤에서 양 손목 잡혔을 때

제1수

🐦 사진해설: 상대가 앞에서 양 손목을 잡으면 들어서 손등 치고(《사진 ①》) 양쪽으로
돌려서 손등 친(《사진 ①》) 후 당겨 잡으며 무릎으로 올려 찬다(《사진 ③》).

제2수

🐦 사진해설: 상대가 앞에서 양 손목을 잡으면 좌우 흔들어(《사진 ①》) 돌려 잡으며(《사
진 ②》) 우·좌족 전환 외내기로 꺾은(《사진 ③》) 후 제압처리 한다(《사진 ④》).

제3수

사진해설: 상대가 앞에서 양 손목을 잡으면 좌족 전진 좌우 흔들며 틀어 준(《사진
①》) 후 우수로 상대 손(합곡혈) 잡고 좌수 빼서 상대 중팔에(천정) 칼 넣어(《사진
③》) 제압처리 한다(《사진 ④》).

제4수

사진해설: 양 손목을 잡으면 좌족 전진 좌우 흔들어(《사진 ①》) 우수 빼서 상대 손
목(태연맥) 잡으며(《사진 ②》) 겨드랑이에 넣어(《사진 ③》) 꺾는다(《사진 ④》).

제5수

🐾 사진해설: 앞에서 양 손목을 잡으면 좌족 전진 좌우 흔들어(《사진 ①》) 우수 빼서
상대 중팔(천정) 잡으며(《사진 ②》) 당겨 좌수 밀어 넣어 + 자 꺾기(《사진 ③》) 후
머리 당겨 제압처리 한다(《사진 ④》).

제6수

🐾 사진해설: 뒤에서 양 손목을 잡으면(《사진 ①》) 좌족 후진 좌수 들어 당긴(《사진
②》) 후 우 팔꿈치로 가슴(명치) 쳐서 넘어지면 당겨서 제압처리 한다(《사진 ④》).

제7수

① ② ③ ④

사진해설 : 뒤에서 양 손목을 잡으면(《사진 ①》) 좌수 당기며 빼서 우·좌족 후진하며
상대 팔 밑으로 빠져서 중팔(천정) 칼 넣은(《사진 ③》) 후 제압처리 한다(《사진 ④》).

제8수

① ② ③ ④

사진해설 : 뒤에서 양 손목을 잡으면(《사진 ①》) 우족 전진하며 양팔을 앞으로 당겨
(《사진 ②》) 업어치기(《사진 ③》) 후 제압처리 한다(《사진 ④》).

제9수

사진해설: 상대가 뒤에서 양 손목을 잡으면(《사진 ①》) 우수 들면서 좌족 180° 이동하며 몸통 빠져나와서(《사진 ②》) 우수를 밑에서 위로 돌려 빼서(《사진 ③》) 수도로 상대 뒷목(천주)을 가격(《사진 ④》)한다.

9. 어깨·허리띠 바로 추켜 잡혔을 때

제1수

사진해설: 상대가 정면에서 어깨를 잡으면(《사진 ①》) 좌중지로 중팔(수삼리) 잡고 우수로 상대 수도 감싸 잡으며(《사진 ②》) 앉으며 지로 눌러 꺾은(《사진 ③》) 후 당겨서 상대 중심을 쓰러트리고 머리 당겨 제압(《사진 ④》)처리 한다.

제2수

사진해설: 상대가 정면에서 어깨를 잡으면(《사진 ①》) 우수로 상대 손 감싸 쥐고 좌수를 들어(《사진 ②》) 겨드랑이에 상대 팔을 넣고(《사진 ③》) 꺾는다(《사진 ④》).

제3수

🦶 사진해설: 상대가 정면에서 어깨를 잡으면 우수로 상대 손을 감싸 쥐고 좌수는 높이
들어서(《사진 ①》) 팔꿈치를 내려찍고(《사진 ③》) 동시에 우로 35° 틀어 준다(《사진
③》).

제4수

🦶 사진해설: 상대가 정면에서 띠를 바로잡으면(《사진 ①》) 좌족 뒤로 빠지며 우수로
상대 손목(태연맥)을 감싸 쥐고(《사진 ②》) 좌수도로 상대 중팔(천정)에 칼 넣은(《사
진 ③》) 후 제압처리 한다(《사진 ④》).

제5수

①   ②   ③

사진해설: 상대가 정면에서 띠를 바로잡으면 우·좌수로 상대 손목(태연맥)을 감싸 쥐
며(〈사진 ①〉) 좌 무릎으로 누른(〈사진 ②〉) 후 제압처리 한다(〈사진 ③〉).

제6수

①   ②   ③

 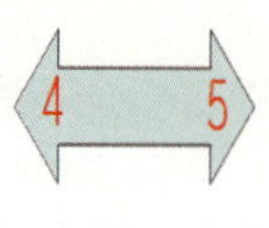 

🦶 사진해설: 상대가 정면에서 띠를 바로잡으면(《사진 ①》) 좌족을 전진하며 좌수는 상대 손목을 잡고 우수를 상대 팔 밑으로 넣은 후 세워서(《사진 ②》) 좌·우수를 맞잡아 +자로 꺾으며(《사진 ③》) 좌족 축으로 우족 180° 돌면서 밑으로 누르며 돌린(《사진 ④》) 후 제압처리 한다(《사진 ⑤》).

제7수

① ② ③ ④

🦶 사진해설: 띠를 추켜잡으면(《사진 ①》) 우 반족 전진 좌수로 상대 손 잡고 우수 중 팔(소해혈) 잡으며 좌·우족 전환 외내기 꺾은(《사진 ③》) 후 제압처리 한다(《사진 ④》).

제8수

사진해설: 띠를 추켜잡으면(《사진 ①》) 우 반족 전진하며 좌수 뒷머리 우수 턱 잡고
(《사진 ②》) 우족 축으로 좌족 180° 이동 앉으며 좌·우수 당기며 밀어 꺾은 후 제
압한다(《사진 ③》).

제9수

사진해설: 상대가 정면에서 띠를 추켜잡으면(《사진 ①》) 좌수로 상대 손을 잡고 우
수는 상대 중팔(천정)을 잡으며(《사진 ②》) 들어 당긴다(《사진 ③》).

10. 멱살·머리카락·목 깍지 잡혔을 때

제1수

   사진해설: 상대가 정면에서 멱살을 잡으면(《사진 ①》) 양손으로 감싸 쥐며(《사진 ②》) 상대 중팔을 겨드랑이로 꺾는다(《사진 ③》).

제2수

   사진해설: 측면에서 멱살을 잡으면(《사진 ①》) 우수로 손(합곡혈) 잡으며 좌수도 중팔(천정)에 대고(《사진 ②》) 우족 180° 이동 칼 넣은(《사진 ③》) 후 제압 한다(《사진 ④》).

제3수

① ② ③

4 5

사진해설: 상대가 정면에서 멱살을 역으로 잡으면(《사진 ①》) 좌·우수로 상대의 손
(합곡혈)과 손목(태연맥)을 감싸 쥐며(《사진 ②》) 상대 팔 밑으로 좌족 전진(《사진
③》) 동시에 우·좌족 전환 좌수도로 상대 중팔(천정)에 칼 넣은(《사진 ④》) 후 제압처
리 한다(《사진 ⑤》).

제4수

① ② ③ ④

🥋 사진해설: 상대가 정면에서 멱살을 추어올려 잡으면(《사진 ①》) 우 반족 전진 우수로 상대 중팔(곡지혈) 잡으며(《사진 ②》) 좌수로 뒷머리(완골) 잡아(《사진 ③》) 우족 축으로 좌족 180° 이동 앉으며 당겨서 제압처리 한다(《사진 ④》).

제5수

① ② ③

🥋 사진해설: 멱살 X 자 잡으면(《사진 ①》) 양수도로 상대 옆구리(밀급소)를 치고(《사진 ②》) 우·좌수로 턱과 뒷머리(완골)를 잡아 우족 축으로 좌족 180° 이동 앉으며 당겨서 제압처리 한다(《사진 ③》).

제6수

　　　①　　　　　　　　②　　　　　　　　③

사진해설: 머리카락을 상대에게 잡히면(《사진 ①》) 양수로 상대 손(합곡혈, 태연맥)을
잡고(《사진 ②》) 겨드랑이로 중팔 꺾는다(《사진 ③》).

제7수

　　　①　　　　　　　　②　　　　　　　　③

사진해설: 머리카락을 잡히면 양수로 상대 손(합곡혈, 태연맥)을 잡고(《사진 ①》) 우
로 35° 틀어 우족 무릎 앉으며 당겨(《사진 ②》) 완전 제압(《사진 ③》)한다.

제8수

①   ②   ③   ④

🥋 사진해설: 상대에게 목 깍지 잡히면(《사진 ①》) 양팔을 들어(《사진 ②》) 앉으며(《사진 ③》) 팔꿈치로 상대 가슴(명치)을 가격한다(《사진 ④》).

제9수

①   ②   ③   ④

🥋 사진해설: 목 깍지를 잡히면 우수로 상대 중지를 잡아 꺾어(《사진 ①》) 풀어서 든(《사진 ④》) 후 우족 축으로 좌족 180° 돌아서 좌수도로 상대 중팔(천정)에 칼 넣어 꺾은 다음(《사진 ③》) 머리 당겨 제압(《사진 ④》)한다.

11. 주먹 막기

제1수

사진해설: 상대와 마주 선 준비자세에서(〈사진 ①〉) 상대의 주먹공격이 얼굴로 들어
오면 우수도로 상단 올리며 흘려 막아서(〈사진 ②〉) 상대 쪽으로 붙으며 좌·우족 전
환 상대의 손목을 잡고 좌수도로 상대 중팔(천정)에 칼 넣어(〈사진 ③〉) 꺾은 후 제
압처리 한다(〈사진 ④〉).

제2수

사진해설: 마주 선 준비자세에서(《사진 ①》) 상대의 주먹공격이 얼굴을 향해 들어오면 우수도로 상단 올려 막고(《사진 ②》) 상대 쪽으로 좌·우족 전환 전진하며 우수는 상대의 손목(태연맥)을 잡고 좌수는 반달권을 만들어 상대 목(천용)을 잡고(《사진 ③》) 앞으로 전환 당기다가 역으로 넘겨 우 팔꿈치로 가슴(명치)을 치고(《사진 ④》) 넘어진 상대를 제압처리 한다(《사진 ⑤》).

제3수

①

②

③

사진해설: 마주 선 준비자세에서(《사진 ①》) 상대의 주먹공격이 얼굴을 향해 들어오면 우족 후진하면서 좌수도로 상단 올려서 흘려 막고(《사진 ②》) 동시에 우 팔꿈치로 상대의 옆구리(밀급소)를 가격한다.

제4수

사진해설: 마주 선 준비자세에서(〈사진 ①〉) 상대의 주먹공격이 얼굴을 향해 들어오면 우수도로 상단 올려서 흘려 막으며(〈사진 ②〉) 밑으로 내리며 돌려서(〈사진 ③〉) 올리면서 꺾기술 3수(수도꺾기)를(〈사진 ④〉) 실시하며 우족 축으로 좌족 180° 이동하여 꺾으면 상대가 중심을 잃고 공중으로 뜬(〈사진 ⑤〉) 후 착지하면 제압처리 한다(〈사진 ⑥〉).

제5수

사진해설: 마주 선 준비자세에서 상대의 주먹공격이 얼굴을 향해 들어오면 좌수도 밖으로 흘려 막으며(《사진 ①》) 우측 축으로 좌족 180° 이동하면서 우수로 상대 팔을 잡고(《사진 ②》) 업어치기 실시(《사진 ③》) 후 상대가 착지하면 제압처리 한다(《사진 ④》).

①　②　③

④　⑤

사진해설: 마주 선 준비자세에서 상대의 주먹공격이 얼굴을 향해 들어오면 좌측 바
깥으로 빠지며 우수도로 흘려 막으며 상대 손목을 잡고(《사진 ①》) 당기며 우족 앞
차기로 상대의 가슴(명치)을 가격한(《사진 ②》) 후 상대가 착지하면 뒤꿈치 돌려 차
기로 상대의 뒷목(천주)을 가격하고(《사진 ③》) 동시에 발끝 찍기로 상대의 안면을
가격하고(《사진 ④》) 그대로 넘겨서 제압처리 한다(《사진 ⑤》).

12. 발 막기

제1수

①   ②   ③

사진해설: 마주 선 준비자세에서(《사진 ①》) 상대의 앞차기 공격이 들어오면 우족 후진하며 우수도를 밖으로 걷어 막고(《사진 ②》) 좌족 축으로 우족 180° 이동하며 우 팔꿈치로 옆구리(밀급소)를 가격한다(《사진 ③》).

제2수

①   ②   ③   ④

사진해설: 상대의 앞차기 공격이 들어오면 우수도로 흘려 막으며(〈사진 ①〉) 뒤로
돌아 뒷무릎(위양)을 차서(〈사진 ②〉) 누른(〈사진 ③〉) 후 제압처리 한다(〈사진 ④〉).

제3수

사진해설: 마주 선 준비자세에서(〈사진 ①〉) 상대의 발끝 찍기 공격이 들어오면 우
로 피하면서 양수도로 막으며(〈사진 ②〉) 좌수는 무릎 뒤(위양)를 올려 잡고 우수는
상대 어깨를 잡아(〈사진 ③〉) 우족으로 상대 좌족 다리를 걸어 들며 동시에 좌수는
다리를 들고 우수는 상대 어깨를 밀어(〈사진 ④〉) 던져서 넘어진 상대를(〈사진 ⑤〉)
제압처리 한다(〈사진 ⑥〉).

제4수

사진해설: 마주 선 준비자세에서(《사진 ①》) 상대의 발끝 찍기 공격이 들어오면 우로 피하면서 양수도로 걷어 막으며(《사진 ②》) 우·좌족 동시에 가볍게 점프하여 착지하면서 우족으로 상대의 뒷무릎(위양)을 눌러 차서(《사진 ③》) 상대가 지면으로 넘어지면 제압처리 한다(《사진 ④》).

사진해설: 마주 선 준비자세에서(〈사진 ①〉) 상대의 옆차기 공격이 들어오면 좌족 전진하면서 좌로 피하며 우수를 상대 다리 밑으로 뻗은(〈사진 ②〉) 다음 상대 띠를 잡고(〈사진 ③〉) 우족 다리 걸어서 들어 던진(〈사진 ④〉) 후 제압처리 한다(〈사진 ⑤〉).

제6수

① ② ③

④ ⑤

사진해설: 마주 선 준비자세에서 상대의 옆차기 공격이 들어오면 좌족 후진하면서 양손을 교차하여 상대 발목(삼음교)을 잡으며(〈사진 ①〉) 우족 일보 후진하면서 당겨 집고(〈사진 ②〉) 좌 무릎을 들어서 상대 뒷무릎(위양)을 눌러서(〈사진 ③〉) 넘어진 상대 다리를 누르며 ＋ 자 꺾은(〈사진 ④〉) 후 마무리 제압을 실시한다(〈사진 ⑤〉).

13. 칼 막기

제1수

사진해설: 칼(흉기)을 소지한 상대와 마주 선 준비자세에서(〈사진 ①〉) 상대로부터 정면(복부) 찌르기 공격이 들어오면 약간 후진하면서 양 수도를 교차하여 상대 손목을 막아 쥐면서 당긴(〈사진 ②〉) 후 좌족 전진하면서 상대 팔을 들어(〈사진 ③〉) 몸통 빠져나와서(〈사진 ④〉) 당겨서 상대에게 복부를 되찌르기로 응징한다(〈사진 ⑤〉).

제2수

사진해설: 칼(흉기)을 소지한 상대와 마주 선 준비자세에서 상대로부터 정면(복부) 찌르기 공격이 들어오면 좌수도로 상대 손목을 흘려 막으며(《사진 ①》) 좌·우족 전진하면서 양손으로 상대 손목을 잡고(《사진 ②》) 계속해서 전환하면서 옆구리로 상대의 중팔(천정)을 치고(《사진 ③》) 우족 축으로 좌족 180° 이동하면서 방향을 역으로 바꾸어 손목을 꺾으면(《사진 ④》) 상대는 점프하여 돌아가서(《사진 ⑤》) 넘어지면 칼을 빼앗아 제압처리 한다(《사진 ⑥》).

제3수

사진해설: 칼(흉기)을 소지한 상대와 마주 선 준비자세에서(〈사진 ①〉) 상대가 위에서 아래로 공격 자세를 취하다가(〈사진 ②〉) 공격이 들어오면 좌수도로 상대 팔을 걷어 막아(〈사진 ③〉) 우족 전진하면서 우수로 맞잡고(〈사진 ④〉) 좌족 전진하면서 젖히며(〈사진 ⑤〉) 상대가 넘어지면 칼을 빼앗아 제압처리 한다(〈사진 ⑥〉).

제4수

사진해설: 칼(흉기)을 소지한 상대와 마주 선 쥬비자세에서 상대가 위에서 아래로 공격 자세를 취하다가(《사진 ①》) 공격이 들어오면 양 수도를 교차하여 상대 손목을 막으며(《사진 ②》) 좌로 돌려서 내려 잡고(《사진 ③》) 좌족 전진하며 상대 팔 밑으로 외내기 꺾어서(《사진 ④》) 넘어진 상대의 칼을 빼앗아 제압처리 한다(《사진 ⑤》).

제5수

제6수

사진해설: 칼(흉기)을 소지한 상대와 마주 선 준비자세에서 상대가 우에서 좌로 공격 자세를 취하다가(〈사진 ①〉) 공격이 들어오면 좌수도로 상대 손목을 막으며(〈사진 ②〉) 우족 전진하면서 우수로 상대 팔을 잡고(〈사진 ③〉) 업어치기를 실시(〈사진 ④〉) 후 상대 목을 눌러 제압처리 한다(〈사진 ⑤〉).

제7수

사진해설: 칼(흉기)을 소지한 상대와 마주 선 준비자세에서 상대가 우에서 좌로 공격 자세를 취하다가(《사진 ①》) 칼날이 수평으로 공격 들어오면 우수도로 밖에서 안으로 흘려 막아(《사진 ②》) 쥐면서 좌·우족 전환하여 상대 중팔을 꺾고(《사진 ③》) 좌족 이동 좌수로 목 감아(《사진 ④》) 쥐고 우 팔꿈치로 명치 공격(《사진 ⑤》) 후 넘어진 상대를 완전 제압한다.

제 2 부

>> 2단 과정에 들어가며

　제2부에서는 유단자 2단 과정의 기법을 체계적으로 구성하였다. 즉 유급자에서 초단 승단심사에 합격하여 전수받게 되는 전 과정의 기법을 소개하고자 한다. 이와 관련된 내용을 구체적으로 살펴보면…….

　제1장에서는 합기도의 삼대원리인 원·유·화의 복식기법의 수련방법에 대하여 소개하였으며, 제2장에서는 합기도 특수 발차기의 기법으로 구성되었다. 제3장에서는 합기도 고공 낙법을 소개하였으며, 제4장에서는 응용체조기능을 다루었다. 그리고 제5장에서는 유단자 호신술에 대하여 상세하게 소개하였으며, 제6장에서는 합기도 무기술의 첫걸음인 장봉술의 기본적인 예법과 다양한 기법을 소개하였다.

제1장 삼대원리 복식

1. 복식 전환법
2. 복식 역류법
3. 복시 심화법

제1장 삼대원리 복식

　삼대원리를 복식으로 수련하는 궁극적인 목적은 합기도의 기법 이행 시 특히, 상대 공격에 대응하여 호신술을 실시함에 있어서 다양한 기법을 연출하는 데 필수적으로 활용되기 때문이다. 합기도의 삼대원리인 '원·유·화'에 대하여 1부 2장에서 개념과 방법에 관하여 비교적 자세하게 설명하였다. 따라서 제2장에서는 이러한 삼대원리를 복식으로 수련하는 방법을 소개하고자 한다.

1. 복식 전환법

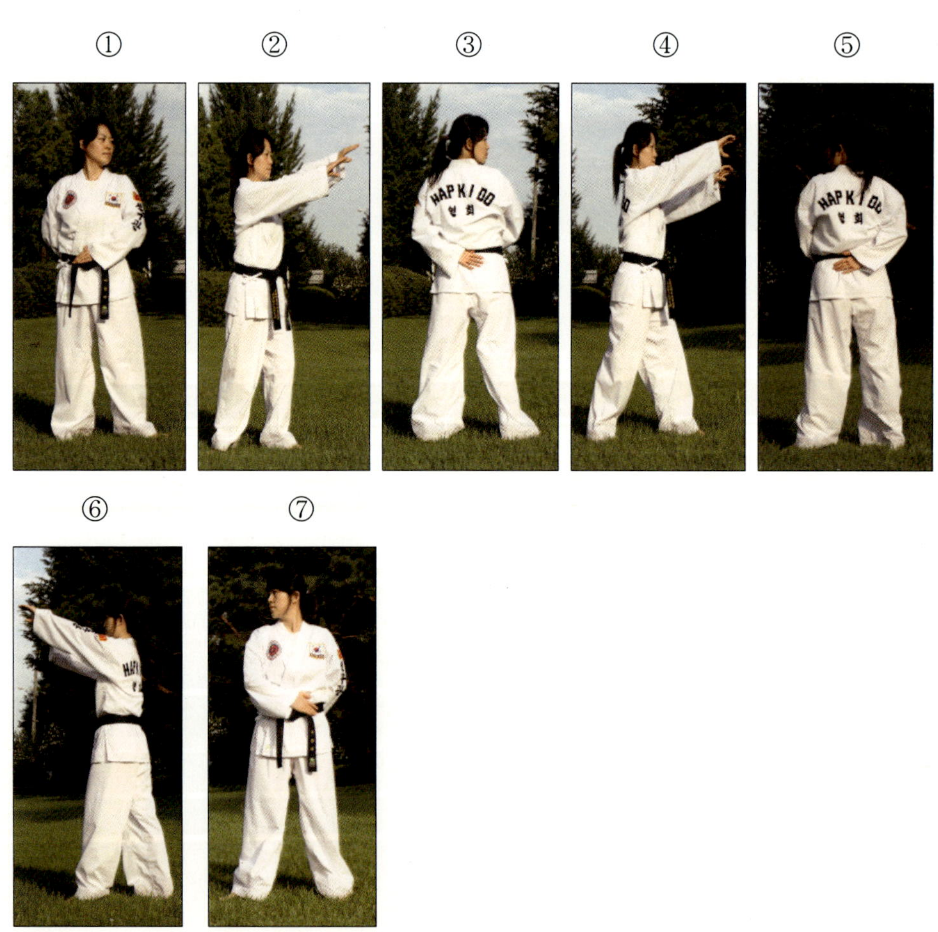

2. 복식 역류법

①   ②   ③   ④   ⑤

3. 복식 심화법

사진해설: 복식 심화법의 준비자세는 《〈사진 ①〉》에서 보는 바와 같이 기본 심화법 준비자세와 동일하다. 여기서 좌족이 45° 일보 전진하면서 양 등권으로 상단을 가격한《〈사진 ②〉》 후 양팔을 접어 허리에 붙이고《〈사진 ③〉》 동시에 양 등권으로 중단을 가격한《〈사진 ④〉》 후 양팔을 접어 허리에 붙이고《〈사진 ⑤〉》 동시에 양 등권으로 하단을 가격한《〈사진 ⑥〉》 후 준비자세《〈사진 ①〉》로 원위치한다. 이때 상단·중단·하단을 가격할 때마다 힘찬 기합을 넣어야 한다. 또한 본서에서는 한쪽 방향만을 제시하고 있으나 위와 같은 방법을 통하여 반드시 좌우를 고르게 단련해야 한다.

제2장 특수 발차기

1. 양발 모아 앞차기
2. 양발 벌려 앞차기
3. 삼단 앞차기
4. 삼단 발끝 찍기
5. 회전 발끝 찍기
6. 상단 점프 돌려 차기
7. 하단 점프 돌려 차기
8. 이단 옆차기
9. 양발 모아 발끝 찍기
10. 돌려 차기 상·중·하

제2장 특수 발차기

  합기도에는 다양한 발차기 종류가 있다고 1부 3장에서 언급을 하였으며, 초단 승단심사에 합격해서 단련하는 발차기의 명칭을 특수 발차기라 한다. 이러한 특수 발차기는 대체로 공중에서 그 기법이 이루어지므로 탁월한 점프력을 바탕으로 유연성과 민첩성을 필요로 하는 것이 특징이며, 이 중에서 특히 점프력의 중요성이 절대적이다. 따라서 수련자들은 개개인의 점프력을 단련한 후에 기법을 익히는 것이 순차적이다. 이와 함께 본 장에서 특수 발차기의 기법을 소개하고자 한다.

1. 양발 모아 앞차기

①   ②   ③   ④

사진해설: 양발 모아 앞차기를 실시하는 방법은 준비자세(〈사진 ①〉)에서 달려가 양발을 모아 점프를 위로 하되, 양 무릎이 가슴에 닿도록 힘껏 끌어 올린(〈사진 ②〉) 동시에 양발을 모은 상태에서 뻗어 앞차기를 실시한다(〈사진 ③〉). 이때 상체를 앞으로 숙이면서 발차기가 이루어져야만 강한 파괴력을 낼 수 있다. 발차기를 성공적으로 실시한 후 안전하게 착지한 후 공격과 방어가 용이한 자세를 취한다(〈사진 ④〉).

2. 양발 벌려 앞차기

사진해설: 양발 벌려 앞차기를 실시하는 방법은 준비자세(《사진 ①》)에서 달려가 양발을 모아 점프를 위로 하되, 양 무릎이 가슴에 닿도록 힘껏 끌어 올린(《사진 ②》) 동시에 양발을 벌리며 앞차기를 실시한다(《사진 ③》). 이때 상체를 앞으로 숙이면서 양손은 다리 사이로 넣고 발차기가 이루어져야만 강한 파괴력을 낼 수 있다. 발차기를 성공적으로 실시한 후 안전하게 착지한 후 공격과 방어가 용이한 자세를 취한다(《사진 ④》).

모든 특수 발차기가 그러하지만, 특히 양발 모아 앞차기와 양발 벌려 앞차기를 보다 원활하게 실시하기 위해서는 (《사진 ②》)의 점프 기법에 대한 지속적인 단련을 필요로 한다.

3. 삼단 앞차기

④   ③   ②   ①

⑤

사진해설: 삼단 앞차기를 실시하는 방법은 준비자세(《사진 ①》)에서 달려가 우족으로 점프를 해서 좌 무릎을 끌어당기며 우족 앞차기를 실시하고(《사진 ②》) 동시에 우족은 접고 좌족으로 앞차기를 실시한(《사진 ③》) 후 좌족을 접고 우족으로 앞차기를 실시한다(《사진 ④》). 이때 모든 발차기는 민첩하게 이루어져야 하며, 점프가 높이·멀리 실행되어야만 발차기로 원활하게 가격할 수 있다. 삼단 앞차기를 성공적으로 실시한 후 안전하게 착지한 후 공격과 방어가 용이한 자세를 취한다(《사진 ⑤》).

4. 삼단 발끝 찍기

사진해설: 삼단 발끝 찍기를 실시하는 방법은 준비자세(《사진 ①》)에서 달려가 우측으로 짐프를 해서 싱제를 좌로 들며 좌 무릎을 끌이당기며 우족 발끝 찍기를 실시하고(《사진 ②》) 동시에 우족은 접고 좌족으로 발끝 찍기를 실시한(《사진 ③》) 후 좌족을 접고 우족으로 발끝 찍기를 실시한다(《사진 ④》). 이때 모든 발차기는 민첩하게 이루어져야 하며, 점프가 높이·멀리 실행되어야만 발차기로 원활하게 가격할 수 있다. 삼단 발끝 찍기를 성공적으로 실시한 후 안전하게 착지하면 민첩하게 공격과 방어가 용이한 자세를 취한다(《사진 ⑤》).

5. 회전 발끝 찍기

사진해설: 회전 발끝 찍기를 실시하는 방법은 준비자세(《사진 ①》)에서 우족으로 발끝 찍기를 실시한(《사진 ②》) 후, 우족을 앞에 놓고 상체를 돌려 시선은 전방을 주시하고(《사진 ③》) 시선이 고정된 상태에서 좌족 들어서(《사진 ④》) 상체를 틀어 점프하면서 우족으로 발끝 찍기를 실시한(《사진 ⑤》) 후, 회전해서(《사진 ⑥》) 안전하게 착지하면(《사진 ⑦》) 민첩하게 공격과 방어가 용이한 자세를 취한다(《사진 ⑧》).

6. 상단 점프 돌려 차기

사진해설: 상단 점프 돌려 차기를 실시하는 방법은 준비자세(《사진 ①》)에서 좌족 일보 전진하며(《사진 ②》) 점프해서 몸을 틀며(《사진 ③》) 우 무릎을 접은 상태에서 발차기를 실시하면 《사진 ④. ⑤》와 같은 동작을 거쳐서 안전하게 착지한(《사진 ⑥》) 후 민첩하게 공격과 방어가 용이한 자세를 취한다(《사진 ⑦》).

7. 하단 점프 돌려 차기

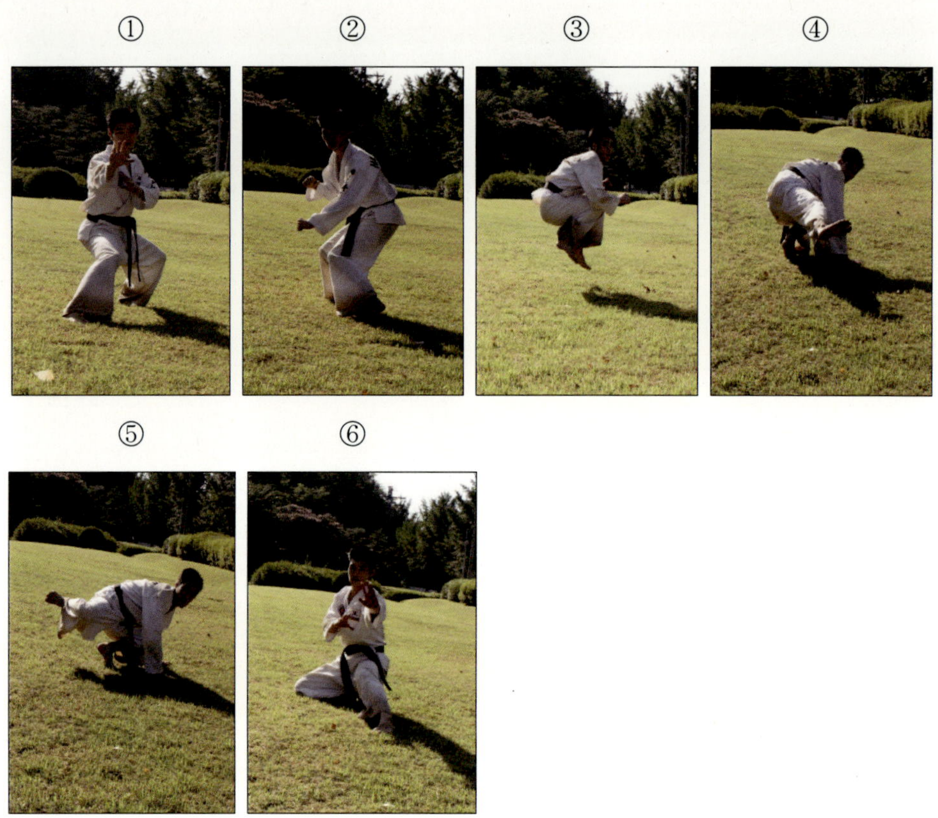

사진해설: 하단 점프 돌려 차기를 실시하는 방법은 준비자세(《사진 ①》)에서 좌족 일보 전진하면서(《사진 ②》) 앞으로 점프해서 몸을 180° 틀어(《사진 ③》) 착지하면서 하단 돌려 차기를 실시한(《사진 ④》) 후 무릎을 접어서(《사진 ⑤》) 민첩하게 원위치하면서 공격과 방어가 용이한 자세를 취한다(《사진 ⑥》).

8. 이단 옆차기

④ ③ ② ①

사진해설: 이단 옆차기를 실시하는 방법은 준비자세(〈사진 ①〉)에서 달려가 좌족으로 점프를 실시하여 공중에서 양발을 모은(〈사진 ②〉) 후 우족을 뻗어서 옆차기를 실시한다(〈사진 ③〉). 이때 우족 옆차기의 족도(발의 날)가 선명해야 하며, 또한 좌족이 우 무릎 뒤(위양)에 붙어야만 완벽한 이단 옆차기가 된다. 이와 같은 방법으로 이단 옆차기를 성공적으로 실시한 후 착지하면 민첩하게 공격과 방어가 용이한 자세를 취한다(〈사진 ④〉).

9. 양발 모아 발끝 찍기

④ ③ ② ①

사진해설: 양발 모아 발끝 찍기를 실시하는 방법은 준비자세(〈사진 ①〉)에서 달려가 좌족으로 점프를 실시하여 공중에서 양발을 모았다가(〈사진 ②〉) 동시에 양 무릎을 뻗어서 발끝 찍기를 실시한다(〈사진 ③〉). 이때 시선은 목표물을 주시하고, 양 발끝이 모아져 있어야만 완벽한 양발 모아 발끝 찍기가 된다. 이와 같은 방법으로 양발 모아 발끝 찍기를 성공적으로 실시한 후 착지하면 민첩하게 공격과 방어가 용이한 자세를 취한다(〈사진 ④〉).

10. 돌려 차기 상·중·하

사진해설: 돌려 차기기 상·중·하단을 실시하는 방법은 준비자세(《사진 ①》)에서 좌족 축으로 우로 돌면서 우족을 들어(《사진 ②》) 상단 돌려 차기를 실시한(《사진 ③》) 후 무릎을 접어서(《사진 ④》) 중단 돌려 차기 준비자세를 취하고(《사진 ⑤》) 좌족 축으로 우로 돌면서 우족을 들어(《사진 ⑥》) 중단 돌려 차기를 실시한(《사진 ⑦》)후 무릎을 접어서(《사진 ⑧》) 하단 돌려 차기 준비자세를 취한 다음. 좌족 축으로 우로 돌아 앉으며 우족 무릎을 접은(《사진 ⑨》) 후 양손을 짚으며 중심을 잡고 하단돌려 차기를 실시한(《사진 ⑩》) 후 무릎을 접어서(《사진 ⑪》) 원위치하며 민첩하게 공격과 방어가 용이한 자세를 취한다(《사진 ⑫》). 이와 같은 방법을 동일하게 적용해서 반대로 발차기가 이루어지면 돌려 차기 하·중·상단이 된다. 또한 이 발차기는 좌우를 고르게 단련해야 하는 것은 필수적이다.

제3장 고공 낙법

제3장 고공 낙법

낙법에 대한 개념과 종류 및 기초적인 수련방법은 1부 5장에서 비교적 자세하게 설명을 하였다. 초단 승단에 합격하여 유단자가 되어 전수받는 낙법의 명칭을 고공 낙법이라 칭한다. 본 장에서는 이 기법의 종류와 단련방법에 대하여 소개하고자 한다.

1. 전방 180° 낙법

사진해설: 이 낙법을 실시하는 방법은 준비자세(《사진 ①》)에서 달려가서 양발 모아 점프를 하며(《사진 ②》) 공중에서 180° 회전(《사진 ③》)함과 동시에 양발을 뻗어

《사진 ④》 착지한(《사진 ⑤》) 후 공격과 방어가 용이한 자세를 취한다(《사진 ⑥》).

2. 전방무성 180° 낙법

사진해설: 이 낙법을 실시하는 방법은 준비자세(《사진 ①》)에서 달려가서 양발 모아 점프를 해서(《사진 ②》) 공중에서 180° 회전(《사진 ③》)함과 동시에 양발을 뒤로 차고(《사진 ④》) 손바닥부터 착지해서 팔을 굽히며(《사진 ⑤》) 가슴부터 무릎까지 순차적으로 지면에 닿아 낙법을 실시한(《사진 ⑥》) 후 민첩하게 공격과 방어가 용이한 자세를 취한다(《사진 ⑦》).

3. 구르기 무성 높이 낙법

사진해설: 이 낙법을 실시하는 방법은 준비자세(〈사진 ①〉)에서 달려가서 양발 모아 점프를 한(〈사진 ②〉) 후 상체를 앞으로 숙이되 시선은 지면을 보고(〈사진 ③〉) 양발을 위로 차고(〈사진 ④〉) 양손을 짚고 낙법을 실시한(〈사진 ⑤〉) 다음 민첩하게 공격과 방어가 용이한 자세를 취한다(〈사진 ⑥〉).

4. 구르기 무성 멀리 낙법

사진해설: 이 낙법을 실시하는 방법은 준비자세(〈사진 ①〉)에서 달려가서 양발 모아 점프를 하되 머리와 가슴을 최대한 들고 다리를 위로 들어 올린(〈사진 ②〉) 후 양손을 짚고 구르기 무성 낙법을 실시한(〈사진 ③〉) 후 민첩하게 공격과 방어가 용이한 자세를 취한다(〈사진 ④〉).

5. 구르기 무성 교차 낙법

사진해설: 이 낙법을 실시하는 방법은 양자가 교차 낙법을 위해 양쪽에서 준비자세를 취한(《사진 ①》) 후 동시에 달려가서 한 사람은 구르기 무성 낙법의 준비자세를 낮게 실시할 때, 한 사람은 그 위로 양발 모아 점프를 하되 머리와 가슴 그리고 다리를 든(《사진 ②》) 후 동시에 교차가 이루어져서《사진 ③. ④》 낙법이 성공적으로 마치면 양자가 마주 보며(《사진 ⑤》) 자세를 취한다.

6. 멀리 전방 낙법

사진해설: 이 낙법을 실시하는 방법은 준비자세(《사진 ①》)에서 달려가서 양발 점프를 하되 상체를 앞으로 숙이며 멀리 가야 한다(《사진 ②》). 반드시 착지하기 전의 적정위치에서 양다리를 뻗어(《사진 ③》) 착지해서 낙법을 성공적으로 실시한(《사진 ④》) 후 민첩하게 공격과 방어가 용이한 자세를 취한다(《사진 ⑤》).

7. 멀리 전방무성 낙법

사진해설: 이 낙법을 실시하는 방법은 준비자세(《사진 ①》)에서 달려가서 양발로 점
프를 할 때, 머리와 가슴을 반드시 들고 그리고 다리를 접어 올려야만 멀리 도약할
수 있다(《사진 ②》). 착지하기 전에 양다리를 뻗어 양손을 짚고(《사진 ③》) 머리를
들고 양팔을 굽혀 가슴부터 지면에 닿은(《사진 ④》) 후 안전하게 낙법을 실시하고
(《사진 ⑤》). 민첩하게 공격과 방어가 용이한 자세를 취한다(《사진 ⑥》).

8. 공중회전 교차 낙법

사진해설: 이 낙법을 실시하는 방법은 양자가 교차 낙법을 위해 양쪽에서 준비자세
를 취한(〈사진 ①〉) 후 동시에 달려가서 한 사람은 구르기 무성 낙법을 실시할 때,
한 사람은 그 위로 양발 모아 점프를 해서 공중에서 몸을 틀면서 교차가 이루어져서
〈사진 ②, ③〉 착지하여 낙법이 성공적으로 마치면(〈사진 ④〉) 양자가 마주 보며
(〈사진 ⑤〉) 자세를 취한다.

제4장 응용 체조

1. 도움 짚기
2. 손 짚고 뒤 돌기
3. 앞 공중회전
4. 뒤 공중회전
5. 옆 공중회전

제4장 응용 체조

1. 도움 짚기

　이 기법은 초단 승단 후 가장 처음 배우는 것이다. 따라서 이 기법의 활용 가치는 매우 높다고 할 수 있다. 이는 차후에 배우게 될, 손 짚고 뒤 돌기와 뒤 공중회전을 실시할 때, 연결동작으로 기법 표출 시 활용되므로 반드시 익혀 두어야 할 중요성이 있다.

①　　②　　③　　④

　　🦅 사진해설: 이 기법을 실시하는 방법은 준비자세(《사진 ①》)에서 달려가서 우족이 앞에 있을 때(《사진 ②》) 좌족 무릎을 접어서 올리며 동시에 양팔을 펴서 어깨높이까지 들어 올린(《사진 ③》) 후, 좌, 우족 순으로 지면에 놓고(《사진 ④》) 좌수를 지면에 짚으며 양다리를 차올리고(《사진 ⑤》) 우수를 지면에 짚으며 양다리를 수직 90°에서 모으면서 고개를 들어 시선은 지면을 향하고(《사진 ⑥》) 양발이 지면에 동시에 닿으면(《사진 ⑦》) 양팔을 굽히지 않고 상체를 들어 위로 점프를 한다(《사진 ⑧》).

2. 손 짚고 뒤 돌기

으며 양팔은 펴서 뒤를 향하게 한다. 이때 시선은 정면을 주시하고 상체가 수직을
유지해야만 한다(《사진 ②》). 양팔을 굽히지 않고, 머리와 함께 뒤로 넘기며 굽혔던
다리를 펴면서 후방 45° 방향으로 점프를 한다. 이때 반드시 앞서 언급한 세 가지
동작이 동시에 이루어져야 한다(《사진 ③》). 뒤로 돌아갈 때에도 팔은 절대 굽히지
말아야 하며 머리를 들어 시선은 지면을 향해야 한다(《사진 ③》). 손을 짚고 몸통이
수직을 유지하면(《사진 ⑤》) 양다리를 당겨 지면에 놓고(《사진 ⑥》) 양손을 들어 정
면을 본다(《사진 ⑦》).

3. 앞 공중회전

사진해설: 이 기법을 실시하는 방법은 준비자세(〈사진 ①〉)에서 달려가서 양발로 힘껏 점프를 하며 양팔을 뒤로 넘긴(〈사진 ②〉) 후 머리는 숙이며 무릎은 굽히고 양손은 돌려서 무릎을 잡는다. 이때 앞에서 언급한 세 가지 동작이 동시에 이루어져야 한다(〈사진 ③〉). 이와 같은 동작이 완료되면 〈사진 ④~⑦〉을 거쳐서 착지하게 된다(〈사진 ⑧〉). 이때 시선은 반드시 정면을 주시해야 하며, 만약 지면을 본다면 중심을 잃고 앞으로 넘어지게 된다. 초보자의 경우 처음부터 완벽히 서는 동작보다는 앉은 자세로 착지하는 것을 익힌 후에 점차적으로 바로 서는 것이 올바른 수련법이다.

4. 뒤 공중회전

사진해설: 이 기법을 실시하는 방법은 준비자세(〈사진 ①〉)에서 양발을 모으고 양팔을 펴서 바로 선다(〈사진 ②〉). 양 무릎을 굽히며 상체를 약간 앞으로 숙인 점프자세(〈사진 ③〉)에서 머리와 상체는 뒤로 넘기면서 굽혔던 무릎을 펴면서 힘껏 점프한다. 이때 반드시 앞서 언급한 세 가지 동작을 동시에 실시하여야 한다(〈사진 ④〉). 머리는 계속해서 젖히고 있으면서 양 무릎을 당기면 〈사진 ⑤~⑨〉을 거쳐서 완전한 360° 회전이 이루어져서 양발이 지면을 향하게 된다〈사진 ⑩〉. 착지하는 순간 고개를 들어 시선은 정면을 보면서 양 무릎을 펴서 지면에 안전하게 착지하게 된다〈사진 ⑪〉. 이때 시선은 반드시 정면을 주시해야 하며, 만약 지면을 본다면 중심을 잃고 앞으로 넘어지게 된다. 초보자의 경우 처음부터 완벽히 서는 동작보다는 앉은 자세로 착지하는 것을 익힌 후에 점차적으로 바로 서는 것이 올바른 수련법이다.

5. 옆 공중회전

⑤   ⑥   ⑦

사진해설: 이 기법을 실시하는 방법은 준비자세(〈사진 ①〉)에서 달려가 좌족이 앞에 있을 때 머리를 들어 시선은 지면을 향하고 좌족은 점프를 하고 우족은 뒤로 차올려야 한다(〈사진 ②〉). 이때 반드시 시선과 좌·우족 세 가지의 동작을 동시에 실시하면 〈사진 ③~⑤〉와 같은 공중동작을 거쳐서 착지할 때는 고개를 들어 시선은 정면에 고정되어야 한다(〈사진 ⑥〉). 이때 시선이 정면에 고정되어 있지 않고, 지면을 본다면 중심을 잃고 앞으로 넘어지게 된다. 초보자의 경우 처음부터 완벽히 서는 동작보다는 앉은 자세로 착지하는 것을 익힌 후에 점차적으로 바로 서는 것이 올바른 수련법이다.

제5장 유단자 호신술

1. 한 손목·양 손목 잡혔을 때
2. 주먹 막기
3. 하 소매·중 소매 잡혔을 때
4. 앞·뒷덜미 잡혔을 때
5. 앞에서 안았을 때
6. 뒤에서 안았을 때
7. 방투기
8. 와기술
9. 발 막기
10. 칼 막기

제5장 호신술

합기도의 호신술에 관하여 1부 6장에서 언급한 바와 같이 합기도에는 5천여 수에 달하는 무궁무진한 호신기법이 있다. 또한 이러한 호신술은 각각의 급수와 단수에 맞게 수련토록 하고 있는데, 본 장에서는 초단 승단에 합격한 유단자가 전수받는 호신술을 단계별로 소개하고자 한다.

1. 한 손목·양 손목 잡혔을 때

제1수

사진해설: 상대가 한 손목을 잡으면(《사진 ①》) 좌 반족 전진하며 잡힌 손을 안으로 당겨(《사진 ②》) 나선형으로 돌리며 위로 올리며 우수로 상대 합곡혈을 잡고(《사진 ③》) 우족 90° 이동 좌수로 상대 중팔을 아래로 잡아당긴(《사진 ④》) 후 제압처리 한다(《사진 ⑤》).

제2수

사진해설: 상대가 한 손목을 잡으면(《사진 ①》) 좌 반족 전진하며 반대 수로 상대 손목을 잡으며 잡힌 손목을 지로 빼서(《사진 ②》) 양손으로 잡으며 좌 어깨에 상대 중팔을 걸어 당기면서(《사진 ③》) 좌족이 상대 다리 뒤로 이동하면서 좌수로 상대 중심을 분산시키고(《사진 ④》) 제압처리(《사진 ⑤》)한다.

제3수

사진해설: 상대가 한 손목을 잡으면 우족 전진 돌려 잡으며(《사진 ①》) 상대 손바닥
과 좌수 손바닥이 맞닿도록 비비면서 좌로 돌려서(《사진 ②》) 아래로 돌려서 우로
이동하며 양수 엄지로 상대 손등을 잡아(《사진 ③》) 우족 축으로 좌족 뒤로 180°
이동하며 아래로 꺾어서(《사진 ④》) 상대가 넘어지면 (《사진 ⑤》)와 같이 제압으로
마무리한다.

제4수

사진해설: 상대가 앞에서 양 손목을 잡으면(《사진 ①》) 우족 전진하면서 양수를 아래로 내렸다가(《사진 ②》) 순간 위로 올리면서 빼서 상대 손목을 돌려 잡으며(《사진 ③》) 좌족 전진하면서 (《사진 ④》)와 같이 좌수 밀고 우수 당기면서(《사진 ④》) 180° 돌면서 좌 무릎 앉으며 우수 당기며 좌수 밀면서 상대의 중팔을 꺾는다(《사진 ⑤》). 이때 상대의 중심이 완전히 무너지면 양팔을 +자 꺾기로 제압처리 한다(《사진 ⑥》).

제5수

사진해설: 상대가 앞에서 양 손목을 잡으면(《사진 ①》) 좌족 45° 전진하면서 좌수는 좌로 우수는 우로 45° 민다(《사진 ②》). 동시에 (《사진 ③》)과 같이 우족 45° 이동하며 방향을 반대로 틀어 기법을 넣은 후 (《사진 ④》)와 같이 반대로 방향을 틀면서 팔의 각도를 더 넓힌 상태에서, 우족을 전진하면서 상대 우수 팔 밑으로 들어가면서 (《사진 ⑤》) 좌족 180° 이동하면서 팔꿈치로 상대의 명치를 가격한다(《사진 ⑥》).

제6수

사진해설: 상대가 앞에서 양 손목을 잡으면(《사진 ①》) 우족 전진하면서 좌수로 상대 좌 손목 잡으며 우 손목을 당겨서 뺀 후(《사진 ②》) 우족 축으로 좌족 90° 이동하면서 우수로 상대 손목을 감싸 잡으며 우족으로 상대 양다리를 걸어(《사진 ③》) 상대 중팔을 꺾으면 상대의 중심이 분산되어(《사진 ④》) 착지하면 제압처리 한다(《사진 ⑤》).

2. 주먹 막기

제1수

사진해설: 유단자가 되면 준비자세를 (〈사진 ①〉)과 같이 평자세(자연체)에서 기법을 연출할 수 있어야 한다. 상대로부터 주먹공격을 받으면 좌족 일보 후진하면서 우수도로 흘려 막으며(〈사진 ②〉) 좌족 일보 전진하면서 상대 뒤로 민첩하게 이동해서 (〈사진 ③〉) 우족 일보 후진하며 양중지로 상대의 견근(어깨 뒤)을 잡아(〈사진 ④〉) 당기면 상대의 중심이 무너진다(〈사진 ⑤〉). 이때 우 무릎으로 상대의 천돌을 눌러 제압처리 한다(〈사진 ⑥〉).

제2수

사진해설: 평자세(자연체)에서 상대로부터 주먹공격을 받으면 좌족 일보 후진하면서 우수도로 흘려 막는다(《사진 ①》). 좌족 일보 전진하면서 우수를 돌려서 밑으로 내려 상대 팔에 끼어(《사진 ②》) 좌수로 상대 반대쪽 팔을 당겨 우수로 잡고(《사진 ③》) 좌수로 상대 목을 잡아(《사진 ④》) 좌족으로 상대 위양(무릎 뒤)을 밟는다(《사진 ⑤》). 이때 상대의 중심이 완전히 무너지면 제압처리 한다(《사진 ⑥》).

제3수

사진해설: 상대와 마주한 평자세(자연체)에서(《사진 ①》) 상대로부터 주먹공격을 받으면 좌족 일보 후진하면서 좌수도로 흘려 막는다(《사진 ②》). 우족 축으로 좌족 180° 상대 쪽으로 이동하며 좌수 상대 손목 당기며 우수로 감싸 잡고(《사진 ③》) 우 무릎을 꿇어(《사진 ④》) 업어치기를 실시한다(《사진 ⑤》). 이때 상대의 중심이 무너지면 제압처리 한다(《사진 ⑥》).

제4수

사진해설 : 평자세(자연체)에서 상대로부터 주먹공격을 받으면 좌족 일보 후진하면서 좌수도로 흘려 막는다(《사진 ①》). 돌려 잡아 좌족 일보 전진하며 양손으로 상대의 손목을 잡고(《사진 ②》) 좌족 축으로 우족 180° 이동하며 상대 팔 밑으로 빠져(《사진 ③》) 앉으며 좌수는 꺾어 당기고 우수 역수도로 상대의 위양(무릎 뒤)을 쳐서(《사진 ④》) 상대의 중심을 일순간에 무너뜨린 후. (《사진 ⑤》). 제압처리 한다(《사진 ⑥》).

제5수

시진해설: 평자세(자연체)에서 상대로부터 주먹공격을 받으면 우족을 일보 후진하면서 우수도로 흘려 막는다(〈사진 ①〉). 상대손목을 잡아 돌려 내려서 양손으로 잡는다(〈사진 ②〉). 우족 전진하며 상대 팔 밑으로 빠져서(〈사진 ③〉) 좌족 전진 기마자세 앉으며 손목을 꺾어(〈사진 ④〉) 좌 무릎 앉으며 손목을 한 번 더 돌려 꺾으면 상대의 중심이 무너져서(〈사진 ⑤〉) 착지하면 제압처리 한다(〈사진 ⑥〉).

제6수

① ② ③
④ ⑤

사진해설 : 평자세(자연체)에서 상대로부터 주먹공격을 받으면 좌족 일보 후진하면서
우수도로 흘려 막으며(《사진 ①》) 우족 축으로 좌족 180° 이동하면서 좌 팔꿈치로
상대 명치를 가격한다(《사진 ②》). 좌 장권으로 상대의 턱을 가격하여(《사진 ③》) 상
대가 중심을 잃고 뒤로 넘어지면(《사진 ④》) 제압처리 한다(《사진 ⑤》).

제7수

사진해설: 평자세(자연체)에서 상대로부터 주먹공격을 받으면 좌족 일보 후진하면서 우수도를 올려 막는나(《사진 ①》). 동시에 좌수도로 올려 막고(《사진 ②》) 무게중심을 우족으로 이동하면서 양 장권으로 상대의 복부를 쳐(《사진 ③》) 상대가 중심을 잃고 뒤로 넘어지면(《사진 ④》) 완전하게 제압처리 한다(《사진 ⑤》).

3. 하 소매·중 소매 잡혔을 때

제1수

사진해설: 상대에게 하 소매를 잡히면(《사진 ①》) 우로 방향 틀면서 좌수로 상대 손을 잡으며 잡힌 손을 돌린다(《사진 ②》). 시계방향으로 돌리고(《사진 ③》) 원을 한 번 더 돌려서(《사진 ④》) 상대 중팔에 수도 칼을 넣으며(《사진 ⑤》) 좌족을 후진하고 앉으면서 당긴다. 당기면서 제압처리 한다(《사진 ⑥》).

제2수

사진해설: 상대에게 하 소매를 잡히면(〈사진 ①〉) 아래루 내렸다가(〈사진 ②〉) 위로 들면서 좌수로 상대 손(합곡)을 잡고(〈사진 ③〉) 우중지로 상대 중팔(수삼리)을 잡고 밑으로 꺾으며(〈사진 ④〉) 좌족 후진 앉으며 상대 중심이 무너지면 제압처리 한다 (〈사진 ⑤〉).

사진해설 : 상대에게 하 소매를 잡히면 손을 안으로 돌려서 상대 손목을 잡고(《사진 ①》) 아래로 좌족 전진하면서 상대를 허리로 업어서(《사진 ②》) 업어치기를 실시하여(《사진 ③. ④》) 상대가 착지하면 (《사진 ⑤》)와 같이 제압처리 한다.

제4수

사진해설: 상대에게 중 소매를 잡히면(《사진 ①》) 손은 아래로 내렸다가(《사진 ②》) 들면서 좌수로 상대 손(합곡)을 잡고(《사진 ③》) 우수를 들었다가(《사진 ④》) 겨드랑이에 상대 중팔을 넣고 꺾은(《사진 ⑤》) 후 상대의 중심이 무너지면 제압처리 한다(《사진 ⑥》).

제5수

사진해설: 상대에게 중 소매를 잡히면 우족을 전진하면서 좌수로 상대 손을 감싸 쥐고 위로 들어(《사진 ①》) 우수를 돌려서 상대 중팔(소해혈)을 중지로 누르고(《사진 ②》) 우족 축으로 좌족 뒤로 180° 이동하면서 상대 팔 밑으로 빠진(《사진 ③》) 후 당겨(《사진 ④》) 꺾으면 상대가 중심을 잃고(《사진 ⑤》) 착지하게 된다. 그러면 제압 처리 한다(《사진 ⑥》).

4. 앞·뒷덜미 잡혔을 때

제1수

사진해설: 상대에게 정면에서 어깨를 잡히면(《사진 ①》) 좌 등권으로 상대의 명치를 가격하고(《사진 ②》) 우중지권으로 명치를 치며 상대 팔 밑으로 빠져서(《사진 ③》) 우족 이동하며 우좌수 전환 돌려 상대 팔을 걷어 치우며 좌수로 상대 목(천용)을 잡아당기며 (《사진 ④》)우 팔꿈치로 턱을 치면 상대의 중심이 무너지게 된다(《사진 ⑤》). 중심이 무너지면서 착지하면 제압처리 한다(《사진 ⑥》).

제2수

사진해설: 상대에게 정면에서 어깨를 잡히면(《사진 ①》) 좌족을 전진 하면서 좌수 안으로 감아 들어(《사진 ②》) 밖으로 감아 돌려 내려서(《사진 ③》) 상대 팔을 감아 꺾은(《사진 ④》) 후 우수도로 상대의 명치를 내려치면 중심을 잃고 넘어지게 된다 (《사진 ⑤》). 넘어지면 제압처리 한다(《사진 ⑥》).

제3수

사진해설: 상대에게 뒤에서 뒷덜미를 잡히면(《사진 ①》) 좌측으로 방향을 틀어서 좌수도로 상대의 목(천용)을 치고(《사진 ②》) 동시에 반대쪽으로 방향을 틀면서 왼쪽 무릎을 꿇고 우수도로 상대의 옆구리(밀급소)를 가격한다(《사진 ③》).

제4수

사진해설: 상대에게 뒤에서 뒷덜미를 잡히면 좌족을 뒤로 이동하면서 좌 등권으로 상대의 명치를 가격하고(《사진 ①》) 동시에 우 중지권으로 명치를 치면서 상대 팔 밑으로 빠져나와서(《사진 ②》) 좌수로 상대의 중팔(수삼리)을 잡고(《사진 ③》) 우 반달권으로 목을 쳐서(《사진 ④》) 상대의 중심이 뒤로 무너진(《사진 ⑤》) 후 착지하면 제압처리 한다(《사진 ⑥》).

제5수

①   ②   ③

사진해설: 상대에게 뒤에서 뒷덜미를 잡히면(《사진 ①》) 좌족을 90°로 이동하면서 좌수를 상대 팔 밖으로 돌려 들어(《사진 ②》) 우수로 맞잡아 당겨 꺾어서(《사진 ③》) 상대의 중심이 앞으로 무너지면(《사진 ④》) 제압처리 한다(《사진 ⑤》).

5. 앞에서 안았을 때

제1수

사진해설: 상대가 앞에서 안으면(《사진 ①》) 양수도로 상대의 옆구리(밀급소)를 치고 《사진 ②》) 우족을 밖으로 빼서 바깥다리를 걸고 띠를 잡아(《사진 ③》) 좌로 넘긴다 《사진 ④》). 상대의 중심이 좌 전방으로 무너지고(《사진 ⑤》) 착지하면 제압처리 한다(《사진 ⑥》).

제2수

①   ②   ③   ④

사진해설: 상대가 앞에서 안으면(《사진 ①》) 우족을 전진하면서 양간수(손끝 날)로 상대의 목(입영)을 찌르고(《사진 ②》) 좌 우족 전환 전진하며 상대와의 거리를 유지하며 우수도를 들어(《사진 ②》) 상대의 목(천용)을 가격한다(《사진 ④》).

제3수

사진해설: 상대가 앞에서 안으면(《사진 ①》) 상대의 양 측면 머리카락을 잡아(《사진 ②》) 아래로 당긴다(《사진 ③》). 상대의 중심이 뒤로 무너져서 착지하면 제압처리 한 다(《사진 ④》).

6. 뒤에서 안았을 때

제1수

🥋 사진해설: 상대가 뒤에서 양팔 밖으로 안으면(《사진 ①》) 우수도로 상대의 낭심을 가격하고(《사진 ②》) 동시에 우 팔꿈치로 옆구리(밀급소)를 치면서(《사진 ③》) 우좌수로 상대 팔을 잡아당기고(《사진 ④》) 업어치기를 실시한다(《사진 ⑤》). 상대가 착지하면 제압처리 한다(《사진 ⑥》).

제2수

①   ②   ③   ④   ⑤

🥋 사진해설: 상대가 뒤에서 양팔 밖으로 안으면(《사진 ①》) 민첩하게 팔을 펴서 양어깨를 앞으로 모아 움츠리고(《사진 ②》) 기마자세로 앉는다(《사진 ③》). 좌 팔꿈치로 상대의 옆구리(밀급소)를 치고(《사진 ④》) 동시에 반대쪽을 가격한다(《사진 ⑤》).

제3수

시진해설: 상대가 뒤에서 양팔 안으로 안으면(《사진 ①》) 양 팔꿈치로 상대의 중팔
(수삼리)을 내려치고(《사진 ②》) 양수로 상대의 양손(합곡)을 잡아 누르면서(《사진
③》) 우족 축으로 좌족 180° 이동하면서 상대 우측 손목을 꺾은(《사진 ④》) 후 좌
족 앞차기로 명치를 가격하고(《사진 ⑤》) 좌 무릎 접어서 상대의 팔을 눌러 중심을
아래로 향하게 해서(《사진 ⑥》) 착지하면 어깨 눌러 제압처리 한다(《사진 ⑦》).

제4수

사진해설: 상대가 뒤에서 양팔 안으로 안으면(《사진 ①》) 우측으로 방향을 틀면서 좌수로 손목(태연맥)을 잡고 우수로는 손(합곡)을 잡아(《사진 ②》) 상대 팔을 든다 (《사진 ③》). 좌족 후진하면서 손목(아구)을 꺾은(《사진 ④》) 후 앞으로 돌려 꺾으면 (《사진 ⑤》). 상대의 중심이 앞으로 무너져서(《사진 ⑥》) 착지하면 제압처리 한다(《사진 ⑦》).

제5수

사진해설: 상대가 뒤에서 양팔 안으로 팔을 넣어 깍지를 끼고 안으면(《사진 ①》) 양
손을 모아 상대 손가락을 밀어 꺾어(《사진 ②》) 뺀 후 우측으로 좌 우족을 전환하며
상대 손목을 세워서 꺾은(《사진 ③》) 후 우족 무릎을 꿇고 팔을 당겨서 꺾어 상대의
중심이 무너지면(《사진 4》) 제압처리 한다(《사진 ⑤》).

7. 방투기

제1수

① ② ③ ④

⑤ ⑥ ⑦

사진해설: 상대가 앞에서 양손으로 잡으려 할 때(《사진 ①》), 혹은 이와 같은 방법으로 잡혔을 때 또는 잡혀서 상대가 던지려 할 때, 방어하는 기법을 방투기라 하는데, 상대가 멱살을 잡아서(《사진 ②》) 업어치기를 실시하여 던지려 할 때 우측 손을 상대의 좌측 무릎 뒤(위양) 쪽으로(《사진 ③》) 집어넣어서(《사진 ④》) 착지하면 좌수로 상대 목(천용)을 잡아당기며(《사진 ⑤》) 한 바퀴 굴러(《사진 ⑥》) 제압처리 한다(《사진 ⑦》).

제2수

사진해설: 상내가 멱살을 잡아서(〈사진 ①〉) 업어치기를 실시하려고 하면 〈사진 ②〉 우수로 상대 목을 잡아당기며 좌수로 상대 허리를 눌러(〈사진 ③〉) 중심을 옆으로 넘어지게 한다(〈사진 ④〉). 넘어지면 제압처리 한다(〈사진 ⑤〉).

제3수

사진해설: 상대가 멱살을 잡아서(〈사진 ①〉) 업어치기를 실시하려고 하면〈사진 ②〉 좌족 일보 후진하면서 우수로 상대 어깨를 밀며 바깥다리를 걸어(〈사진 ③〉) 넘기면 상대의 중심이 무너진다(〈사진 ④〉). 중심이 무너지고 착지하면 제압처리 한다(〈사진 ⑤〉).

제4수

사진해설: 상대가 멱살을 잡아서(《사진 ①》) 업어치기를 실시히려고 들어오면 좌수
로 상대의 측면 머리카락을 잡아(《사진 ②》) 바깥다리 걸어서(《사진 ③》) 넘기면 중
심을 잃고(《사진 ④》) 착지하면 (《사진 ⑤》)와 (《사진 ⑥》)처럼 이중 제압처리 한다.

사진해설: 상대가 멱살을 잡아서(〈사진 ①〉) 업어치기를 실시하려고 하면 양팔을 벌리며 기마자세를 취한다(〈사진 ②〉). 정면 모습은 〈사진 ③〉과 같다.

8. 와기술

제1수

사진해설: 누워 있는 상태에서 상대의 공격에 대응하여 실시하는 호신기법을 와기술이라 칭한다. 《사진 ①》과 같은 자세에서 상대가 양손으로 목을 조이면, 상수도로 상대의 갈비뼈(밀급소)를 치고(《사진 ②》) 우 장권으로 상대의 면상을 가격하여(《사진 ③》) 상체를 들면 양다리를 상대 가슴에 걸어 밀면서(《사진 ④》) 양 장권으로 상체를 가격하며 밀어서 상대의 중심이 뒤로 넘어간(《사진 ⑤》) 후, 팔꿈치로 명치를 치며 제압처리 한다(《사진 ⑥》).

제2수

사진해설: 《사진 ①》과 같은 자세에서 상대가 양손으로 목을 조이면, 상수도로 상대의 옆구리(밀급소)를 치고(《사진 ②》) 허리를 잡아(《사진 ③》) 상대를 머리 위로 던진(《사진 ④》) 후 〈사진 ⑤〉와 같은 자세에서 앞으로 굴러 와서(《사진 ⑥》) 뒤로 돌아 공격과 방어가 용이한 자세를 취한다(《사진 ⑦》).

제3수

사진해설: (《사진 ①》)과 같이 상대가 양손으로 목을 조이면서 가까이 붙었을 때, 우수로 상대 턱 좌수로 측면 머리카락을 잡아 좌로 넘겨서(《사진 ②》) 상대의 중심이 무너지면(《사진 ③》) 제압처리 한다(《사진 ④》).

제4수

③

④

사진해설: 《사진 ①》과 같이 상대가 양손으로 목을 조이면서 가까이 붙었을 때, 우수로 상대 손(합곡)을 좌수로 손목을 잡고《사진 ②》 우로 꺾어 넘긴다《사진 ③》. 이때 상대가 중심을 잃고 완전히 넘어가면《사진 4》 제압처리 한다.

9. 발 막기

제1수

①   ②   ③   ④

사진해설: 이 호신술은 상대의 발차기 공격에 대응하여 발차기로 방어를 실시하는 기법이다. 이를 구체적으로 설명하자면, 상대와 마주한 준비자세에서(《사진 ①》) 상대로부터 《사진 ④》와 같은 상단 돌려 차기 공격이 들어오면 (《사진 ②》)와 같이 뒤꿈치 돌려 차기와 《사진 ③》과 같은 동작을 실시하여 방어하는 기법이다. 상대의 상단 돌려 차기 공격과 동시에 뒤꿈치 돌려 차기(《사진 ⑤》)를 실시하여 접어 당겨 《사진 ⑥》 중심을 잃고(《사진 ⑦》) 착지하면 다리로 +자 꺾기를 실시하며(《사진 ⑧》) 제압한다.

제2수

사진해설: 상대와 마주한 준비자세에서(《사진 ①》) 옆차기 공격이 들어오면 좌측으로 사선을 피하며 우수도로 상대 발목을 치고 잡으며(《사진 ②》) 좌 팔꿈치를 들어(《사진 ③》) 상대의 허벅지를 내려친다. 이때 상대가 중심을 잃어(《사진 ④》) 착지하면 제압처리 한다(《사진 ⑤》).

제3수

④

⑤

사진해설: 상대와 마주한 준비자세에서(《사진 ①》) 발끝 찍기 공격이 들어오면 좌족을 후진하면서 양수도로 막고(《사진 ②》) 우족 축으로 좌족 180° 돌아(《사진 ③》) 좌 팔꿈치로 상대의 명치를 가격하면(《사진 ④》) 중심을 잃고 물러나게 된다(《사진 ⑤》).

제4수

①

②

③

사진해설: 상대와 마주한 준비자세에서 앞차기 공격이 들어오면 우족 축으로 좌로 피하며 우수로 걷어 막고(《사진 ①》) 우족을 일보 후진해서(《사진 ②》) 상대의 뒷무릎(위양)을 차면(《사진 ③》) 상대가 중심을 잃게 된다(《사진 ④》). 이때 지면에 착지하면 제압한다(《사진 ⑤》).

제5수

사진해설: 상대와 마주한 준비자세에서(《사진 ①》) 발끝 찍기 공격이 들어오면 뒤로 돌아 피하며 앉아서 하단 돌려 차기로 상대 종아리를 가격하여(《사진 ②》) 상대가 중심을 잃고(《사진 ③》) 뒤로 넘어지게 된다(《사진 ④》). 이때 제압처리 한다(《사진 ⑤》).

제6수

사진해설: 상대와 마주한 준비자세에서(《사진 ①》) 옆차기 공격이 들어오면 좌로 피하며 양손으로 걸어 막고(《사진 ②》) 동시에 앉으며 상대 다리 밑으로(《사진 ③》) 빠져서 양손으로 상대의 발목을 잡고(《사진 ④》) 들어 올려 상대의 중심이 무너진(《사진 ⑤》) 후 착지하면 제압처리 한다(《사진 6》).

10. 칼 막기

제1수

사진해설: 흉기(칼)를 소지한 상대와 마주한 준비자세에서(〈사진 ①〉) 복부공격이 들어오면(〈사진 ②〉) 우족 안다리 돌려 차기로 상대의 손목을 차고(〈사진 ③〉) 우족 놓고 돌아서 상대를 보며(〈사진 ④〉) 좌족을 들어(〈사진 ⑤〉) 뒤차기로 가격하며 대응한다(〈사진 ⑥〉).

제2수

사진해설: 흉기(칼)를 소지한 상대와 마주한 준비자세에서(《사진 ①》) 복부공격이 들어오면 좌족 후진하며 양수 X 자 교차하여 막고(《사진 ②》) 우족을 일보 후진하며 돌려 잡아 손목을 꺾어(《사진 ③》) 좌족 앞차기로 명치를 가격한다(《사진 ④》). 무릎을 접고 상대 어깨를 눌러(《사진 ⑤》) 제압처리 한다(《사진 ⑥》).

제3수

사진해설: 흉기(칼)를 소지한 상대와 마주한 자세에서 측면 공격이 들어오면(《사진 ①》) 좌로 피하며 우수도로 흘려 막으며(《사진 ②》) 상대 중팔에 칼을 넣고(《사진 ③》) 좌족 180° 후진하며 우족으로 상대 바깥다리를 걸면서 역으로 꺾는다(《사진 ④》). 이때 상대의 중심이 무너지게 되고(《사진 ⑤》). 착지하면 (《사진 ⑥. ⑦》)과 같이 이중 제압처리 한다.

제4수

사진해설: 흉기(칼)를 소지한 상대와 마주한 준비자세에서(《사진 ①》) 위에서 아래(상하)로 공격이 들어오면 좌로 피하며 좌수로 흘려 막고(《사진 ②》) 우족 발끝 찍기로 상대의 명치를 가격하여(《사진 ③》) 상대의 중심을 무너뜨리고(《사진 ④》). 지면에 착지하면 공격과 방어가 용이한 자세를 취한다(《사진 ⑤》).

제5수

로 빠져서(《사진 ⑥》) 손목을 눌러 꺾어(《사진 ⑦》) 던진다(《사진 ⑧》). 상대의 중심
이 무너져서 착지하면 흉기를 탈취하여 제압처리 한다(《사진 ⑨》).

제6수

사진해설: 흉기(칼)를 소지한 상대와 마주한 준비자세에서(〈사진 ①〉) 정면 복부공격
이 들어오면 양수도를 X자로 상대의 손목을 막고(〈사진 ②〉) 우중지로 중팔(소해) 잡
아당기며(〈사진 ③〉) 좌수도를 상대 팔로 넣어 +자로 꺾어서(〈사진 ④〉) 좌족 축으
로 우족 180° 이동하며 우로 던져서(〈사진 ⑤〉) 상대가 지면에 착지하면(〈사진 ⑥〉)
흉기를 탈취하여 제압처리 한다(〈사진 7〉).

 무기술

1. 봉술 예법
2. 봉술 자세
3. 봉술 기법
4. 봉술 돌리기법

제6장 무기술

합기도 유단자 과정(2~4단)에는 다양한 무기술이 있다. 이러한 무기술은 병기술이라 불리기도 하지만, 이는 같은 맥락이다. 예로부터 전해지는 4대 병장기로는 궁·창·봉·검이다. 여기서 궁은 궁술, 즉 활쏘기를 말하고, 창은 창술을 말하며, 봉은 봉술, 검은 검술을 말한다. 이 밖에도 쌍절곤, 부채, 지팡이(단장술) 등의 다양한 기법이 전수되고 있으나, 초단을 승단해서 2단(교사) 과정에서는 '봉술'을 전수받게 된다. '봉'의 종류에는 단봉, 중봉, 장봉으로 구분되며, 본 장에서는 '장봉술'에 대한 기법을 소개하고자 한다.

1. 봉술 예법

합기도의 모든 기법 중 으뜸이 예법이다. 이는 과거와 현재에도 그러하며 미래에서도 기술의 변화와 발전은 가능하지만, 예법의 중요성은 변함이 없을 것이다. 봉술에서의 예법은 통상적으로 입례와 좌례로 구분되는데 그 방법을 소개하면 다음과 같다.

1) 입례

사진해설: 위에서 본 《사진 ①》은 장봉을 파지한 상태에서 입례를 실시하는 정면 모습이며, 《사진 ③》은 측면 모습이다. 이와 같이 입례를 실시할 때는 정자연체(《사진 ②》)에서 좌족을 당겨 모으며 좌수는 수도를 만들어 우수엄지와 봉에 살며시 닿게 하고 고개를 숙여 시선은 자신의 발끝을 본다.

2) 좌례

사진해설: 장봉을 파지한 상태에서 좌례를 실시하는 방법은 정자연체(〈사진 ①〉)에서 8자 돌리기 1회 실시하며 우족 일보 후진하면서(〈사진 ⑥〉) 우 무릎 앉아 봉을 겨드랑이에 품고 좌수는 주먹을 쥐고 팔을 굽히며 고개를 숙이면 완성된 모습은 정면(〈사진 ⑦〉)과 측면(〈사진 ⑧〉)이다. 또한 8자 돌리기법은 (p.260.)에서 자세히 소개하였다.

2. 봉술 자세

본격적인 봉술을 연마하기 위해서는 다양한 기본적인 기법(자세)에 대한 숙지·단련을 필요로 하는데, 그 방법을 소개하면 다음과 같다.

1) 기본자세

우자연체

정자연체

좌자연체

2) 수평세

우수평세

수직세

좌수평세

3) 기마세

정면 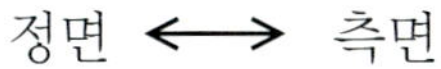 측면

4) 하단세

정면  측면

5) 중단세

정면  측면

6) 상단세

정면 ⟷ 측면

7) 좌반세(좌)

정면 ⟷ 측면

좌반세의 본뜻은 반만 앉는다는 것이다.

8) 좌반세(우)

정면 ⟷ 측면

3. 봉술 기법

합기도의 모든 기법은 살법과 활법으로 구분된다. 이는 봉술에 있어서도 동일하게 적용된다. 즉 봉술의 기법은 공격법과 방어법으로 나누어지는데, 여기서 살법(공격기법)은 치기와 찌르기이며, 활법(방어기법)은 막기 혹은 막음세이다. 본 장에서는 이와 같은 각각의 기법에 대하여 세부적으로 소개하고자 한다.

1) 막음세(방어)법

① 상단 막기　　② 하단 막기　　③ 측면 막기

④ 상단 돌려 막기

㉠

㉡

사진해설: 이 기법은 중단세(《사진 ㉠》)에서 상대의 찌르기나 때리기 공격에 대응하

여 돌려 막기(《사진 ⓒ》)를 실시하는 것이다. 그 방법은 좌수는 약간 아래로 내리며,
뻗고 있는 우수를 어깨 쪽으로 감아올리는 것이다.

⑤ 하단 돌려 막기

ⓐ

ⓒ

사진해설: 이 기법은 중단세(《사진 ⓐ》)에서 상대의 하단 찌르기 공격에 대응하여
돌려 막기(《사진 ⓒ》)를 실시하는 것이다. 그 방법은 좌수를 얼굴 쪽으로 감아올리
며, 우수를 허리 높이로 내리는 것이다.

⑥ 측면 돌려 내려 막기(좌·우)

ⓐ

ⓒ

ⓒ

사진해설: 이 기법을 단련할 때는 수평세(《사진 ⓒ》)에서 실시한다. 그 방법상으로는

우족을 들며 봉을 머리 위에서 돌려 내리며 우수는 뻗고, 좌수는 겨드랑이에 끼면
《사진 ㉠》 우측 돌려 내려 막기가 완성된다. 또한 〈사진 ㉢〉의 좌측 돌려 내려 막
기의 방법은 동일하며 방향만 반대이다.

2) 치기법

장봉술의 공격기법 중 치기법은 찌르기와 더불어 가장 많이 활용되는 기법
이다. 또한 치기법에는 다양한 종류가 있지만 본 장에서는 가장 기본이 되는
기법들을 소개하고자 한다.

① 기마수평치기

㉣　　　　　㉢　　　　　㉡　　　　　㉠

사진해설: 기마수평치기를 실시하는 방법은 중단세《사진 ㉠》에서 양팔 수평을 유
지하며 양손으로 동시에 봉의 끝부분을 잡으며 기마자세를 실시하고《사진 ㉡》 우
족을 일보 전진하면서 봉을 우측으로 길게 잡고《사진 ㉢》 방향을 180° 틀면서 봉
이 수평 이동하여 기마자세를 취하며 봉 끝으로 친다《사진 ㉣》.

② 중단 내려치기

㉣　　　　　㉢　　　　　㉡　　　　　㉠

③ 중단 올려치기

㉢　　　　　　　㉡　　　　　　　㉠

사진해설: 중단 올려치기를 실시하는 방법은 중단세(《사진 ㉠》)에서 양팔 수평을 유
지하며 양손으로 동시에 봉의 끝부분을 잡으며 기마자세를 실시하고(《사진 ㉡》) 우
족 일보 전진하면서 우수를 봉 중앙에 잡으며 밑에서 위로 180° 올려치면서 기마
자세를 유지한다(《사진 ㉢》).

좌　　　　　④ 좌반 수평돌려치기　　　　　우

㉡　　　　　　　㉠　　　　　　　㉢

사진해설: 좌반 수평치기를 실시하는 방법은 수평세(《사진 ㉠》)에서 양팔을 머리 위

로 들면서 우수 돌려 잡고 180° 돌아 좌 좌반 자세를 실시하며 수평으로 돌려치는 것이다(《사진 ㉡》). 우 좌반 수평치기는 방법은 동일하며 방향만 반대로 취하는 것이다(《사진 ㉢》).

우　　　　　　⑤ 좌반 내려치기　　　　　　좌

㉡　　　　　　　　㉠　　　　　　　　㉢

사진해설: 좌반 내려치기를 실시하는 방법은 수평세(《사진 ㉠》)에서 양팔을 머리 위로 들면서 우수 돌려 잡고 180° 돌아 우 좌반 자세를 실시하며 수직으로 내려치는 것이다(《사진 ㉡》). 좌 좌반 내려치기는 방법은 동일하며 방향만 반대로 취하는 것이다(《사진 ㉢》).

⑥ 상단 올려치기

㉢　　　　　　　　㉡　　　　　　　　㉠

사진해설: 상단 올려치기를 실시하는 방법은 중단세(《사진 ㉠》)에서 우족 일보 전진하면서 봉을 뒤로 떨어뜨려서(《사진 ㉡》) 상체와 함께 봉을 힘껏 위로 올려치는 것이다(《사진 ㉢》). 좌측을 실시하는 방법은 동일하며 방향만 반대이다.

⑦ 수평 허리치기

ⓝ   ⓖ   ⓓ

사진해설: 수평 허리치기를 실시하는 방법은 수평세(《사진 ⓖ》)에서 양손을 교차로 잡고 좌·우측 허리를 타고 교대로 돌려치는 것이다.

⑧ 상단 돌려치기(좌)

ⓓ   ⓝ   ⓖ

ⓖ   ⓝ   ⓓ

사진해설: 상단 돌려치기(좌)를 실시하는 방법은 중단세(《사진 ㉠》)에서 좌족 일보 전진하면서 봉을 좌측 겨드랑이에 끼며 45°로 떨어뜨려서(《사진 ㉡》) 몸통과 봉이 동시에 상단을 향해 돌려친다(《사진 ㉢》). 우측은 방향만 반대이며 방법은 동일하다.

3) 찌르기법

찌르기는 통상적으로 창술에서 많이 등장하는 기법이다. 그러나 장봉술에 전수되는 기초적인 찌르기를 본 장에서 소개하고자 한다.

① 중단세 상단 찌르기

② 중단세 중단 찌르기

③ 중단세 하단 찌르기

④ 중단세 전진 상단 찌르기

⑤ 중단세 전진 중단 찌르기

⑥ 중단세 전진 하단 찌르기

⑦ 좌반세 상단 찌르기

⑧ 좌반세 중단 찌르기

⑨ 좌반세 하단 찌르기

사진해설: 좌반세 찌르기(상·중·하)를 실시하는 방법은 중단세에서 양손을 머리 위로 들고 180° 돌아 좌반세로 앉으며 각각의 방향(상·중·하)에 맞게 찌르는 것이다.

4. 봉술 돌리기법

앞 장에서 배운 다양한 자세·막기·치기·찌르기의 기법을 실전에서 효과적으로 운용하기 위해서는 돌리기법을 혼합해야만 비로소 적재적소에 활용이 가능하다. 따라서 봉술의 기법 중 돌리기를 원활하게 수행할 수 있을 때 각각의 필요한 자세에서 다양한 공·방 기법의 연출이 가능하다.

1) 정면 돌리기

①　　　　②　　　　③　　　　④

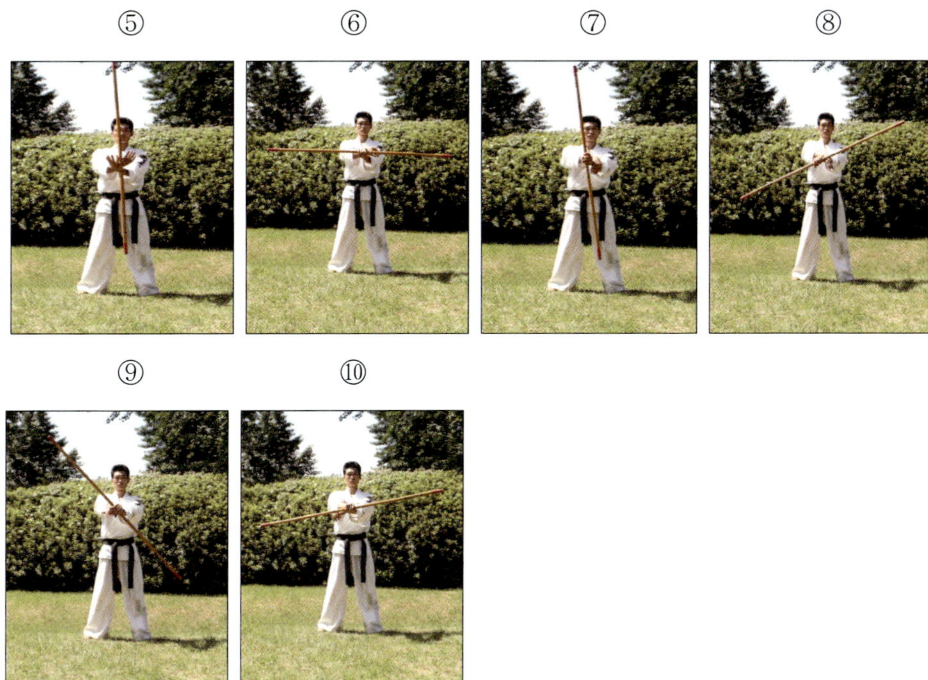

2) 8자 돌리기(좌 · 우)

3) 다리 밑 손 바꿔 돌리기

4) 등 뒤 큰 원 돌리기

5) 8자에서 360° 전환 돌리기

6) 8자에서 역 8자 돌리기

7) 역 8자에서 360° 전환 돌리기

8) 역 8자에서 8자 돌리기

9) 등 뒤 손 바꿔 정면 돌리기(좌)

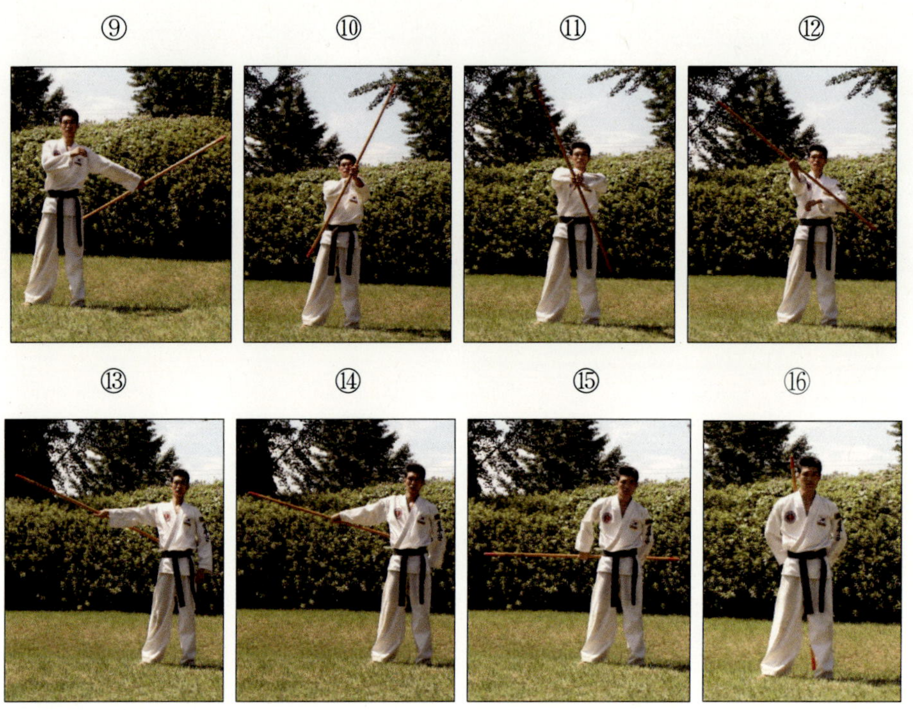

10) 등 뒤 손 바꿔 정면 돌리기(우)

11) 등 뒤 손 바꿔 측면 8자 돌리기(좌)

12) 등 뒤 손 바꿔 측면 8자 돌리기(우)

13) 등 뒤 손 바꿔 머리 위 돌리기(좌)

⑤   ⑥   ⑦   ⑧

⑨   ⑩

14) 등 뒤 손 바꿔 머리 위 돌리기(우)

①   ②   ③   ④

15) 머리 위 손 바꿔 돌리기(좌)

16) 머리 위 손 바꿔 돌리기(우)

17) 머리 위 손 바꿔 전환 돌리기(좌)

18) 머리 위 손 바꿔 전환 돌리기(우)

19) 머리 위 손 바꿔 돌려치기(좌)

20) 머리 위 손 바꿔 돌려치기(우)

21) 머리 위 손 바꿔 전환 돌려치기(좌)

22) 머리 위 손 바꿔 전환 돌려치기(우)

23) 8자 던져 잡아 돌리기(정면＝좌·우)

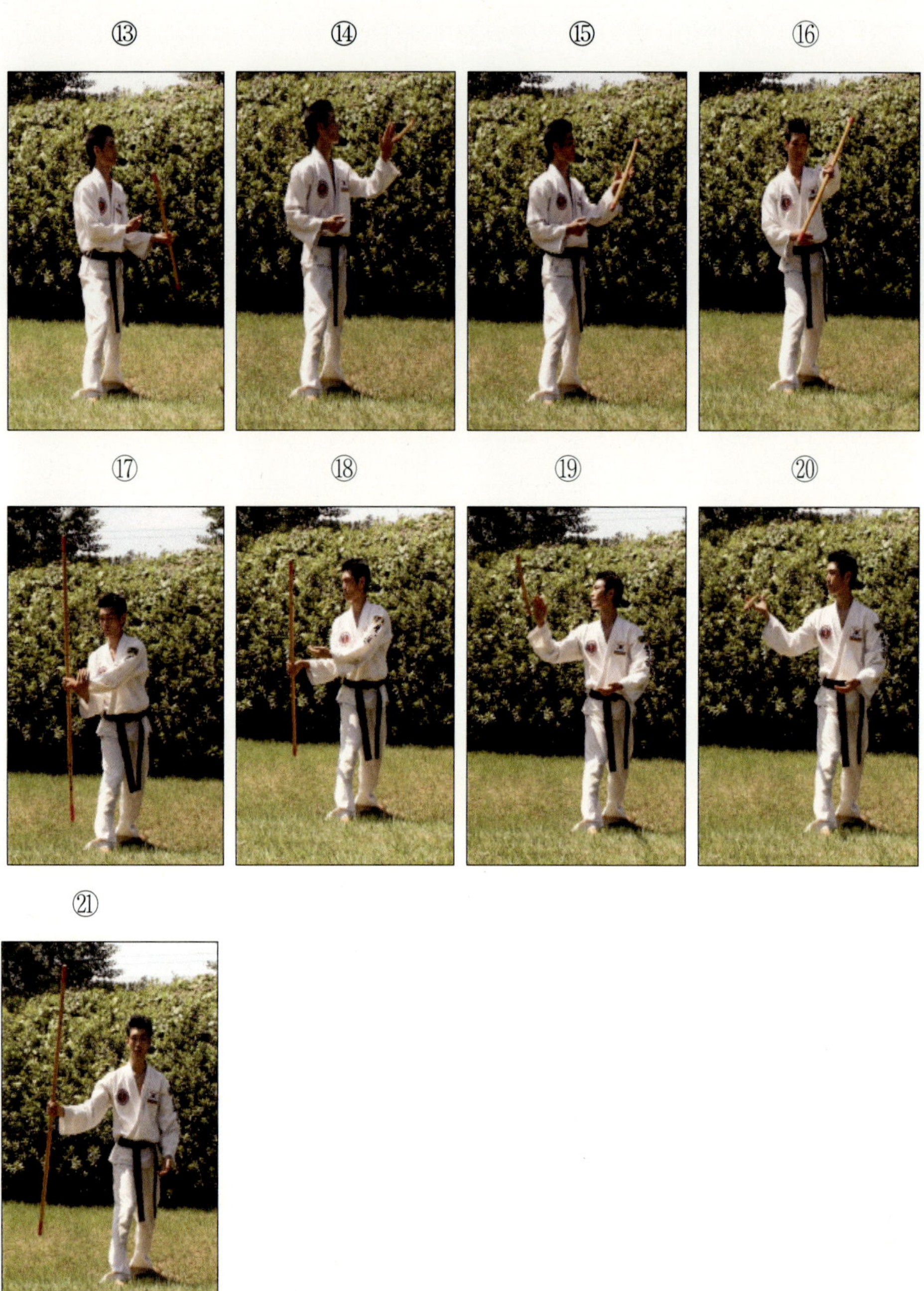

24) 8자 던져 잡아 돌리기(측면＝좌·우)

이상의 합기도 무기술 중 봉술에 대하여 소개를 하였다. 그러나 돌리기 방법에 대한 구체적인 설명을 하지 못한 것에 대하여 매우 죄송스럽게 생각한다. 이 부분에 대해 보다 세부적인 이해를 바라는 독자들께서는 아래 홈페이지에 http://hppa.co.kr/s011 접속하시면 동영상을 통하여 봉술의 돌리기 부분에 대한 이해에 도움을 받을 수 있을 것으로 사료된다.

》부 록

합기도 승급 & 승단 심사규정

※ 수련자 급수에 맞는 띠의 색상을 참고 바람.

10급	1차 심사	
기본 기법		
단전호흡법	삼대원리	기본 타법
1~5수	전환법 · 역류법 · 심화법	1~5수
발차기	앞차기, 발끝 찍기, 옆차기, 뒤꿈치 돌려 차기	
낙법	구르기 무성 낙법(좌 · 우)	
체조	앞 · 뒤 구르기	
호신술	빼기술 1~7수	

9급	2차 심사	
기본 기법		
단전호흡법	삼대원리	기본 타법
1~9수	전환법 · 역류법 · 심화법	1~10수
발차기	상단 돌려 차기, 하단 돌려 차기(좌 · 우)	
낙법	구르기 측방 낙법(좌 · 우)	
체조	물구나무서기	
호신술	꺾기술 1~5수, 제압술 1~7수	

8급	3차 심사	
기본 기법		
단전호흡법	삼대원리	기본 타법
1~9수	전환법 · 역류법 · 심화법	1~10수
발차기	뒤꿈치 차올리기, 상단 발끝 찍고 돌려 차기(좌 · 우)	
낙법	양발 점프 구르기 무성 낙법	
체조	스프링기법(오뚝이), 손 짚고 옆 돌기	
호신술	한 손목 잡혔을 때 1~8수	

7급	4차 심사	
기본 기법		
단전호흡법	삼대원리	기본 타법
1~9수	전환법 · 역류법 · 심화법	1~10수
발차기	발끝 찍고 턴 돌아 발끝 찍기	
낙법	양발 점프 구르기 측방 낙법	
체조	스프링기법(오뚝이), 손 짚고 옆 돌기	
호신술	엇갈려 잡혔을 때 1~7수	

6급	5차 심사	
기본 기법		
단전호흡법	삼대원리	기본 타법
1~9수	전환법 · 역류법 · 심화법	1~10수
발차기	족도 가슴차기, 하단 발끝 찍고 돌려 차기	
낙법	전방 낙법, 후방 낙법	
체조	무릎 펴서 앞구르기, 손 짚고 앞 돌기	
호신술	두 손에 한 손목 잡혔을 때 1~7수	

5급	6차 심사	
기본 기법		
단전호흡법	삼대원리	기본 타법
1~9수	전환법 · 역류법 · 심화법	1~10수
발차기	안다리 · 바깥다리 돌려 차기, 하단 발끝 찍고 돌려 차기	
낙법	점프전방 낙법, 후방무성 낙법	
체조	무릎 펴서 뒤구르기, 손 짚고 앞 돌기	
호신술	양 손목 잡혔을 때 앞 1~5수 · 뒤 1~4수	

4급	7차 심사	
기본 기법		
단전호흡법	삼대원리	기본 타법
1~9수	전환법 · 역류법 · 심화법	1~10수
발차기	전환 돌려 차기(상 · 하 · 좌 · 우)	
낙법	점프전방 무성 낙법, 점프후방 낙법	
체조	스프링기법(넥), 손 짚고 앞 돌기	
호신술	어깨 잡혔을 때 1~3수, 혁대 잡혔을 때 바로 추켜 각 1~3수	

3급	8차 심사	
기본 기법		
단전호흡법	삼대원리	기본 타법
1～9수	전환법·역류법·심화법	1～10수
발차기	뒤차기, 전환 돌려 차기(상·하·좌·우)	
낙법	점프전방 무성 낙법, 공중회전 낙법	
체조	스프링기법(헤드), 손 짚고 앞 돌기	
호신술	멱살 잡혔을 때 1～5수, 머리카락·뒤에서 목 깍지 각 1～2수	

2급	9차 심사	
기본 기법		
단전호흡법	삼대원리	기본 타법
1～9수	전환법·역류법·심화법	1～10수
발차기	점프 전환 돌려 차기(상·하·좌·우)	
낙법	점프 공중회전 낙법, 구르기 무성 낙법(높이·멀리)	
체조	스프링기법(전체), 손 짚고 앞 돌기	
호신술	주먹 막기·발 막기 각 1～6수	

1급	10차 승단심사	
기본 기법		
단전호흡법	삼대원리	기본 타법
1～9수	전환법·역류법·심화법	1～10수
발차기	전 과정	
낙법	전 과정	
체조	전 과정	
호신술	주먹 막기·발 막기 각 1～6수, 칼 막기 7수	

1단 1급	11차 심사	
기본 기법		
단전호흡법 전체	삼대원리 좌우 복식	기본 타법 전체
발차기	양발 모아 점프 앞차기	
낙법	전방 180° 낙법	
체조	도움 짚기	
호신술	한 손목·양 손목 잡혔을 때 각 3수	
무기술	봉술: 정면 돌리기	

1단 2급	12차 심사	
기본 기법		
단전호흡법 전체	삼대원리 좌우 복식	기본 타법 전체
발차기	양발 벌려 점프 앞차기	
낙법	전방 180° 무성 낙법	
체조	손 짚고 뒤 돌기	
호신술	주먹 막기 7수	
무기술	봉술: 손 바꿔8자 돌리기	

1단 3급	13차 심사	
기본 기법		
단전호흡법 전체	삼대원리 좌우 복식	기본 타법 전체
발차기	3단 앞차기	
낙법	하 소매 3수, 중 소매 2수	
체조	손 짚고 뒤 돌기	
호신술	하 소매 잡혔을 때 3수, 중 소매 2수	
무기술	봉술: 예법~다리 밑 손 바꿔 8자 돌리기	

1단 4급	14차 심사	
기본 기법		
단전호흡법 전체	삼대원리 좌우 복식	기본 타법 전체
발차기	3단 발끝 찍기	
낙법	구르기 무성 낙법(멀리)	
체조	도움 짚고 뒤 돌기	
호신술	앞·뒤에서 뒷덜미 잡혔을 때	
무기술	봉술: 예법~등 뒤 큰 원까지	

1단 5급	15차 심사	
기본 기법		
단전호흡법 전체	삼대원리 좌우 복식	기본 타법 전체
발차기	회전 발끝 찍기	
낙법	구르기 무성 낙법(높이)	
체조	도움 짚고 뒤 돌기	
호신술	앞에서 껴안았을 때	
무기술	봉술: 예법~8자 360° 전환 돌리기	

1단 6급	16차 심사	
기본 기법		
단전호흡법 전체	삼대원리 좌우 복식	기본 타법 전체
발차기	2단 옆차기	
낙법	구르기 무성 낙법(장애물)	
체조	앞 공중회전	
호신술	뒤에서 껴안았을 때	
무기술	봉술: 예법~역 8자 360° 전환 돌리기	

1단 7급	17차 심사	
기본 기법		
단전호흡법 전체	삼대원리 좌우 복식	기본 타법 전체
발차기	점프 돌려 차기(상·하·좌·우)	
낙법	전방 낙법(멀리)	
체조	앞 공중회전	
호신술	방투기	
무기술	봉술: 예법~등 뒤 손 바꿔 정면 돌리기(좌·우)	

1단 8급	18차 심사	
기본 기법		
단전호흡법 전체	삼대원리 좌우 복식	기본 타법 전체
발차기	양발 모아 발끝 찍기	
낙법	전방무성(멀리)	
체조	도움 짚고 뒤 돌기	
호신술	와기술	
무기술	봉술: 예법~등 뒤 손 바꿔 8자 돌리기(좌·우)	

1단 9급	19차 심사	
기본 기법		
단전호흡법 전체	삼대원리 좌우 복식	기본 타법 전체
발차기	돌려 차기 상·중·하(좌·우)	
낙법	구르기 무성 낙법(교차)	
체조	도움 짚고 뒤 돌기	
호신술	발 막기	
무기술	봉술: 예법~등 뒤 손 바꿔 머리 위 손 바꿔 등 뒤(좌·우)	

1단 10급	20차 심사	
기본 기법		
단전호흡법 전체	삼대원리 좌우 복식	기본 타법 전체
발차기	두 가지	
낙법	두 가지	
체조	도움 짚고 뒤 돌기	
호신술	칼 막기	
무기술	봉술: 예법~머리 위에서 손 바꿔 돌리기(좌·우)	

1단 11급	21차 심사	
기본 기법		
단전호흡법 전체	삼대원리 좌우 복식	기본 타법 전체
발차기	두 가지	
낙법	두 가지	
체조	도움 짚고 뒤 돌기	
호신술	유급자 전 과정	
무기술	봉술: 예법~머리 위에서 손 바꿔 전환 돌리기(좌·우)	

2단 승단심사	22차 심사	
기본 기법		
단전호흡법 전체	삼대원리 좌우 복식	기본 타법 전체
발차기	두 가지	
낙법	두 가지	
체조	도움 짚고 뒤 돌기	
호신술	유급자·유단자 전 과정	
무기술	봉술: 예법~전 과정	

합기도

경기규칙 & 대회요강

국제연맹 합기도

재단법인 재남무술원

개인전 감점규정
(호신도법)

총 50점 만점

구분		감점 적용 내용	감점
기본 (10점)	시간 (2점)	▷규정시간 미달 2분 초과 시 30초 이상 초과 시 시연 중단	−2점
	예 법 (3점)	▷허용 도복(백색, 흑색) 외 도복 착용 시	−1점
		▷인사법 불량 시 ▶ 개인전: 서서	−1점
		▷태도 불량 시	−1점
	기 력 (5점)	▷기합 불량 시 ▷절도, 통일성 부족 시	−5점
전문성 (40점)	정확도 (5점)	▷기법별 감점 적용	1기법당 −1점
	난이도 (5점)	▷혼기도, 혼검도 전환기 원칙−고정기일 경우 감정 적용	
	창의력 (10점)	▷자유기법 창의력 부족 시	1기법당 −1점
	예술성 (10점)	▷예술성 부족 시(낙법, 기법)	1기법당 −1점
	조화미 (10점)	▷표출자와 받는 자의 조화미	1기법당 −1점
동점 처리 규정	1. 전문성 분야 득점 우세 팀 **우선순위: ① 정확도 / 난이도 ② 창의력 ③ 예술성 ④ 조화미** 2. 기본 분야 득점 우세 팀 **우선순위: ① 예법 ② 기력**		

개인전 감점규정
(수족도법)

총 50점 만점

구분		감점 적용 내 용	감점
기본 (10점)	예법 (5점)	▷허용 도복(백색, 흑색) 외 도복 착용 시	−1점
		▷인사법 불량 시 ▶개인전: 서서	−2점
		▷태도 불량 시	−2점
	기력 (5점)	▷기합 불량 시 ▷절도 · 통일성 부족 시	−5점
전문성 (10점)	정확도 (10점)	▷발차기별 자세와 정확히 발뒤꿈치로 가격 여부	1기법당 −1점
	전환점프 (10점)	▷기력 · 전환점프 자세와 정확한 가격 여부	1기법당 −1점
	균형/연결 (10점)	▷발차기 전 · 후 자세와 연속 연결성 여부	1기법당 −1점
	난이도 & 예술성 (10점)	▷초등부 − 정확도, 전환점프, 균형 / 연결, 종합 중등부 이상 − 기력, 시행 후 균형 발차기의 난이도, 정확한 가격 여부	1기법당 −1점
동점 처리 규정		1. 전문성 분야 득점 우세 팀 **우선순위: ① 정확도 ② 전환점프 ③ 균형/연결 ④ 난이도·예술성** 2. 기본 분야 득점 우세 팀 **우선순위: ① 예법 ② 기력**	

단체전 감점규정
(합기도 · 흔기도 · 흔검도)

총 50점 만점

구분		감점 적용 내용	감점
기본 (10점)	인원 시간 (5점)	▷단체전 10명 미만일 때 9명 −1점, 8명 −2점, 7명 이하 −3점	−3점
		▷규정시간 미달(4분 미만) 또는 초과 시 　4분 미만 −2점, 5분 초과 시 10초 −1점, 20초 −2점, 　30초 시연 중단	−2점
	예법 (3점)	▷허용 도복(백색, 흑색) 외 도복 착용 시	−1점
		▷인사법 불량 시 ▶ 단체전: 앉아서	−1점
		▷태도 불량 시	−1점
	기력 (2점)	▷기합 불량 시 ▷절도, 통일성 부족 시	−2점
전문성 (40점)	정확도 (5점)	▷기법별 감점 적용	1기법당 −1점
	난이도 (5점)	▷흔기도, 흔검도 　전환기 원칙−고정 기일 경우 감정 적용	
	창의력 호신술 (10점)	▷자유기법 창의력 부족 시 ▷규정종목 호신술 부족 시(5수 이상 시연)	1기법당 −1점
	예술성 (10점)	▷예술성 부족 시(낙법, 기법)	1기법당 −1점
	조화미 (10점)	▷표출자와 받는 자의 조화미 ▷전체 구성원의 조화미 부족 시	1기법당 −1점
동점 처리 규정	1. 단체전: 출전 인원이 많은 팀 2. 전문성 분야 득점 우세 팀 **우선순위: ① 정확도 / 난이도 ② 창의력 / 호신술 ③ 예술성 ④ 조화미** 3. 기본 분야 득점 우세 팀 **우선순위: ① 예법 ② 기력**		

제1조 목적

이 규칙은 국제연맹 합기도 격기도법 경기규칙에 의거하여 본 협회 및 산하 지부가 주최 및 주관하는 모든 대회를 통일성 있고 원활하고 공정하게 운영하는 데 그 목적이 있으며, 이 규칙에 어긋나는 방식으로 치러진 경기는 정식 경기로 인정할 수 없다.

제2조 적용 범위

이 규칙은 국제연맹 합기도와 각 지부에서 주최하거나 주관하는 모든 대회에 적용된다.

제3조 경기장

경기장은 안전지대를 포함하며, 최소한 7m×7m 넓이 이상의 정방형으로 장애물이 없어야 하며, 바닥에는 탄력성 있는 매트가 설치되어 있어야 한다.

1. 경기장의 구분

(1) 5m×5m 넓이의 경기장을 경기 지역(장내)이라 하고 그 넘어를 경계 지역이라 하며 경계 지역 밖을 안전지대(장외)라 한다.
(2) 경기 지역과 경계 지역은 반드시 바닥 면의 색상을 달리하여 선수가 경계 지역 밖으로 나가지 않도록 주의한다.

2. 위치표시

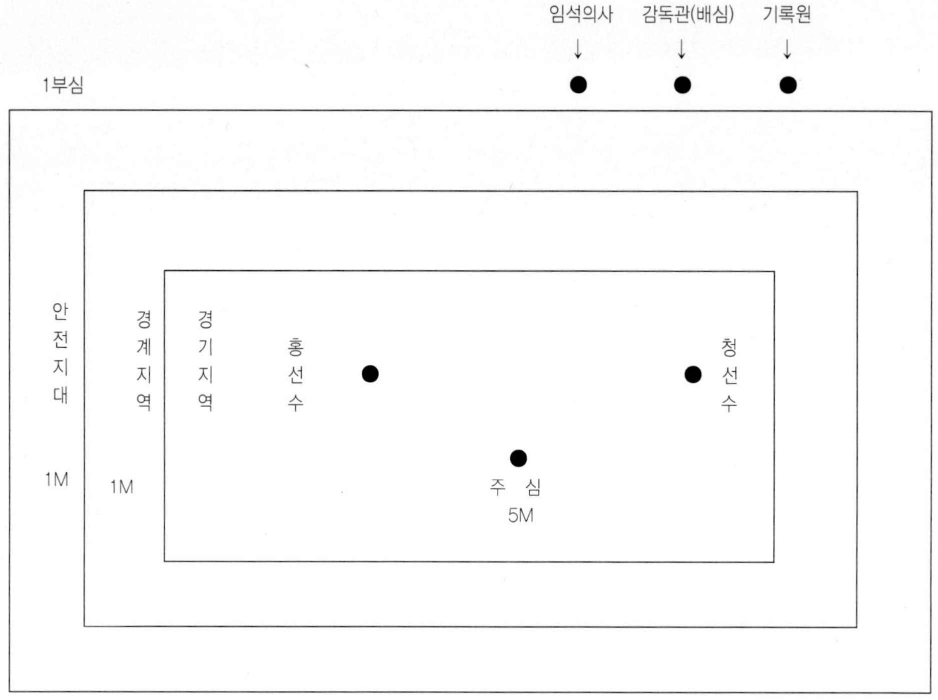

제4조 경기 장소

경기는 경기장 장내(경기 지역)에서만 이루어져야 하며 경기자가 장외에서 공격한 기술은 무효이다.

장외라고 하는 것은 마주 선 상태에서 어느 한 선수라도 안전지대에 한 발이라도 내딛었을 때를 말하며, 던지기 술기의 경우 공격자가 그 기술의 결과가 명확히 나타난 순간까지 장내에 있을 경우, 상대 선수의 몸 전체가 안전지대에 있다 하더라도 그 기술의 결과는 득점으로 인정한다.

제5조 경기의 종류 및 방식

1. 경기의 종류에는 개인전과 단체전이 있으며 본 협회에서는 격기도법을 개인전으로 경기를 하고 단체전의 경우 연무대회로 한다.

2. 개인전 경기방식
   Single Elimination Tournament(싱글 일리미네이션 토너먼트) – 개인 토너먼트

3. 본 협회에서 주관 및 주최하는 대회는 체급당 4인 미만이 출전하여도 그 성적이 인정되나, 참가 선수가 많지 않을 경우 차상위 체급과 두 체급 통합경기를 할 수 있다.

   핀＋플라이＝통합 플라이급
   벤텀＋페더＝통합 페더급
   라이트＋웰터＝통합 웰터급
   미들＋헤비＝통합 헤비급

제6조 경기시간

경기시간은 경기 시작 전에 미리 명시하여야 한다.
1. 남자 저초등부·남자 고초등부·여자 초등부 모두 1분 2회전 휴식시간 30초로 한다.
2. 협회는 대표자 회의를 통해서 상황에 따라 경기시간 및 휴식시간을 조정할 수 있다.
3. 회전 간 휴식시간 중 선수는 경기장 내 자기 위치에 앉아서 휴식을 취하되 항상 주심의 감시하에 있어야 한다.

제7조 체급

체 급 \ 부별	남초저학년부	남초고학년부	중등부	고등부	대학·일반부
핀급	22kg 이하	27kg 이하	40kg 이하	50kg 이하	50kg 이하
플라이급	22.1~25.0	27.1~30.0	40.1~44.0	50.1~55.0	50.1~55.0
반탐급	25.1~28.0	30.1~33.0	44.1~48.0	55.1~60.0	55.1~60.0
페더급	28.1~31.0	33.1~36.0	48.1~52.0	60.1~65.0	60.1~65.0
라이트급	31.1~34.0	36.1~40.0	52.1~56.0	65.1~70.0	65.1~70.0
웰터급	34.1~37.0	41.1~44.0	56.1~60.0	70.1~75.0	70.1~75.0
미들급	37.1~41.0	44.1~48.0	60.1~65.0	75.1~80.0	75.1~80.0
헤비급	41.1~46.0	48.1~53.0	65.1~70.0	80.1~85.0	80.1~85.0
슈퍼헤비급	46.1kg 이상	53.1kg 이상	70.1kg 이상	85.1kg 이상	85.1kg 이상

체 급 \ 부별	여자초등부	중등부	고등부	대학·일반부
핀급	27kg 이하			
플라이급	27.1~32.0	40kg 이하	45kg 이하	50kg 이하
라이트급	32.1~37.0	40.1~47.0	45.1~52.0	50.1~57.0
미들급	37.1~42.0	47.1~54.0	52.1~60.0	57.1~64.0
헤비급	42.1~47.0	54.1kg 이상	60.1kg 이상	64.1kg 이상
슈퍼헤비급	47.1kg 이상			

제8조 계체량

1. 계체량은 참가팀 대표의 입회하에 지정된 시간과 장소에서 계체위원에 의해 실시된다.
2. 계체 시 남녀 모든 선수는 공인도복 차림으로 하되, 본인이 희망 시 전 나체도 가능하다. 단 도복무게를 포함해 300g 이상 초과할 수 없다.
   ① 까지: kg 이하의 뜻으로 25kg까지는 25.00의 의미로서 24.99kg까지 포함되며 25.01kg부터는 초과로서 실격이 된다.
   ② 초과: 25kg 초과란 25.01kg 이상을 의미하며 24.99kg까지는 미달로서 실격이 된다.

3. 계체는 1회로 하며 실격 시 계체시간 내에 한하여 1회의 계체를 더 할
   수 있다.

제9조 대표자 회의(대진표 추첨 및 작성)

1. 경기 개시일 이전에 협회 임원과 참가팀 대표의 참석하에 진행한다. 단
   선수는 참석할 수 없다.
2. 추첨은 경량급에서 중량급 순으로 하며 참가팀은 가나다순에 의한다.
3. 추첨에 불참한 참가팀의 모든 권리는 집행부에 위임한 것으로 인정한다.
4. 추첨의 순서는 대표자 회의의 결정에 의해 변경할 수 있다.
5. 추첨의 결과는 수정 및 변경할 수 없으며 투명테이프를 붙여 그 즉시 봉
   인한다.

제10조 선수 및 코치

1. 선 수

1) 자격
   (1) 당해 연도 선수등록을 필하고 심신의 결격이 없는 자
   (2) 재단법인 재남무술원 단증 소지자
   (3) 기량이 우수하다고 판단되어 소속 관장이 추전한 자
   (4) 위 (1), (2), (3)항의 해당자로서 부별 요건은 제7조 체급표 참조

2) 복장
   경기에 임하는 선수는 본 협회에서 공인한 도복 및 보호 장비를 착용하
   고 경기에 임하여야 한다.

3) 의무사항

(1) 공인된 경기용구 이외의 물건을 지녀서는 아니 되며 몸을 청결히 하고 상대 선수와 불필요한 언행을 하지 않는다.

(2) 심판 및 경기 요원의 지시에 따르며 임의의 행동은 삼가고 선수 대기석에서 대기하여야 한다.

2. 코 치

1) 자격

(1) 당해 연도 경기 규칙 강습회 교육을 수료한 자

(2) 사범 자격증 소지자

2) 복장

주의를 끄는 독특한 색상의 의상이나 디자인이 특이하여 시선을 끄는 복장은 경기장에 들어올 수 없으며 심판 및 경기원의 복장과 동일해서는 안 된다.

3) 의무사항

(1) 코치는 경기 규칙을 잘 알고 있어야 하며, 선수 보호와 경기 개시 예정시간 1분 경과 후에도 출전하지 않으면 기권으로 간주한다.

(2) 주심의 허락 없이 경기장에 출입할 수 없으며 자기 선수 보호 차원에서 기권시킬 수 있다.

제11조 경기진행

1. 선수의 호출

경기시간 10분부터 1~2분 간격으로 3회 호출한다. 경기 개시 예정시간 1분 경과 후에도 출전하지 않으면 기권으로 간주한다.

2. 신체 및 복장점검

호출된 선수는 지정된 검사대에서 신체 및 보호 장비를 검사원으로록부터 검사받아야 하며, 불필요한 물건을 소지해서는 안 된다.

3. 선수입장

검사를 마친 선수는 지정된 대기석에서 입장한다.

4. 경기의 시작과 종료

매 회전마다 주심의 '시작' 선언으로 개시되며 '그쳐' 선언으로 종료된다.

5. 경기 진행의 절차

(1) 선수는 주심의 구령에 따라 입례한다.

(2) 주심의 '준비', '시작'에 따라 경기를 개시한다. 종료는 '그쳐' 선언으로 한다.

(3) 마지막 회전 종료 후 주심의 구령에 따라 입례 후 판정을 기다린다.

(4) 승자 선언은 손을 들어 선언한다.

(5) 선수퇴장

제12조 허용기술과 부위

1. 허용기술

1) 손기술: 호신술과 몸통 보호대(명치 표시 부분)를 정확하게 가격하여 상대에게 충격을 주었을 때

2) 발기술: 발 부위를 이용한 공격

3) 던지기 기술: 상대 선수의 발차기 방어 기술 및 선 자세에서 상대방을 바닥에 넘어뜨리는 기술

(던지기 기술에 허용되는 시간은 3초이다.)

2. 허용부위

1) 몸통부위: 몸통호구로 보호되는 부위로서 손기술과 발기술의 공격이 허

용된다.

2) 얼굴부위: 뒤통수를 제외한 얼굴 전면을 말하며 발차기에 의한 공격만 허용된다.

3) 아래부위: 하단의 공격은 앉아 돌려 차기(하단 후리기)만 인정하며 1회 전에 2회까지만 인정된다.

제13조 득점

1. 득점부위

1) 몸통: 몸통호구로 보호되는 부위
2) 얼굴: 얼굴의 허용 범위 전면

2. 득점은 허용기술로 득점부위를 정확하고 강하게 가격한 것과 상대 선수를 힘 있고 강하게 넘긴 것으로 한다. 하단 공격(앉아 돌려 차기)의 경우는 후자에 속한다.

3. 득점의 인정은 다음과 같다.

1) 몸통, 얼굴 가격에 의한 점수 각 1점
2) 발차기 막기나 선자에서의 던지기 기술로써 상대 선수의 등이나 어깨가 바닥에 닿았을 때 각 1점
3) 얼굴이나 몸통에 강한 타격으로 인해 선수가 위험한 상태에 빠져 주심이 계수할 시에 '셋'을 세었을 때 부심이 1점을 추가 인정한다. 계수는 한 번 시작하면 여덟까지 세어야 하며 다섯과 열은 손바닥을 선수에게 보여야 한다.

4. 득점은 전 2회전을 통산한다.

5. 득점의 무효

다음 사항은 득점에 해당하여도 무효로 한다.
1) 공격자가 가격한 후 중심을 잃었거나 반칙행위를 범했을 때, 무효로 한다.
2) 공격자가 반칙행위를 이용하여 가격했을 때, 무효로 한다.
3) 상대 선수가 발차기 공격으로 유효타를 날렸다 해도 무효로 하고, 넘겨 쓰러트린 나중 공격자에게 득점을 인정한다.

제14조 채점과 표출

1. 득점은 즉시 채점되어야 하며 채점과 점수는 즉시 표출되어야 한다.
2. 채점은 2인 이상의 심판이 인정하는 점수를 유효 득점으로 인정한다.
3. 심판은 어떤 경우라도 즉시 채점의 원칙을 지켜야 하며 회전 말의 채점 행위는 규정위반이다.

제15조 금지행위

1. 금지행위에 대한 벌칙의 선언은 주심이 한다.
2. 이중 벌칙선언을 내려야 하는 경우 큰 벌칙을 선언한다.
3. 벌칙은 주의 경고, 감점으로 구분한다.
4. 경고 2회는 감점으로 한다. 단 주의나 경고 1회는 계산치 않는다.
5. 감점 1회는 −1점이다.
6. 경고사항
 (1) 경기장 밖으로 나가는 행위
 (2) 등을 보이고 피하는 행위

(3) 엄살을 부리는 행위

(7) (고의성이 없는 가벼운 접촉) 손으로 얼굴을 가격하는 행위

(8) 선수가 경기를 회피하거나 경기진행을 방해하는 행위

(9) 상대 선수를 잡고 차는 행위

(10) 장외에서 상대방을 가격하는 행위

(11) 선수 자신이 득, 감점을 시위하는 행위

(12) 주심의 지시에 따르지 않는 행위

(13) 앉아 돌려 차기를 2회 이상 하는 경우 3회째부터 경고를 선언한다.

(14) 욕설, 기괴한 소리나 동작으로 상대 선수의 인격을 손상시킬 수 있는 행위

(15) 상대 선수의 헤드기어를 벗기거나 헤드기어를 잡고 술기를 거는 행위

7. 감점사항

(1) 주심의 '그쳐' 선언 후 상대 선수를 가격하는 행위, '그쳐' 선언 후 경기가 완전히 종료되어도 감점은 인정되며, 그로 인해 승패에 영향을 미칠 수 있다.

(2) 고의로 얼굴을 손으로 가격하는 행위

(3) 상대 선수의 목이나 척추에 위협을 줄 수 있는 행위

(4) 목 조르기, 무릎 또는 이마로 가격하는 행위

(5) 살을 가격하는 행위

(6) 상대방을 밟는 행위

(7) 쓰러진 상대 공격

(8) 고의로 뒤통수, 등 부위를 가격하는 행위

(9) 낭심 공격

(10) 선수나 코치가 바람직하지 못한 심한 언행으로 경기 진행을 일시 중단시키는 행위

8. 주심은 선수가 고의로 규정을 부정하거나 심판의 지시에 불응할 때는 30초 경과 후 반칙패를 선언할 수 있다.

9. 감점 3회는 반칙패로 인정한다.

10. 경고와 감점은 전 2회전을 통산한다.

제16조 우세의 판정

1. 감점에 의해 동점인 경우 다 득점자가 승자가 된다.
   "예, 청 득점 4 감점－1＝홍 득점 3의 경우 청승"
2. 위 사항이 아닌 동점이나 무득점의 경우 30초 연장전을 실시하여, 먼저 득점한 자가 승자가 된다. 여기서 승부가 나지 않을 경우 3심판 우세 승자를 승자로 한다.

제17조 경기 종료의 신호와 동시에 이루어진 유효성 공격

경기의 종료는 가청방법(종, 벨, 호루라기)이나 탄성이 없는 물체를 경기장 중앙에 던져 주심에게 알리는데 이때 종료 신호와 동시에 이루어진 공격은 유효하나 신호 후에 한 공격은 주심이 '그쳐' 선언을 하지 않았다 하더라도 이는 무효이다.

제18조 경기 결과 판정

1. KO승－정당한 공격에 의해 다운되어 10초 이내에 경기를 속행할 수 없을 때, 주심이 선언하는 승리
2. 주심 직권승－주심이나 임석 의사의 판단으로 경기를 더 이상 할 수 없을 때나 점수 차가 5점 이상의 현저한 우열이 가려질 때, 선언하는 승리
   "예 5:0 & 7:2"
3. 판정승－경기의 내용에 따른 득·감점 또는 우세 판정에 따라 다득점이나 우세자에게 선언되는 승리

4. 기권승 - 상대방이 경기 포기를 했을 때 선언되는 승리
5. 실격승 - 상대방의 선수 자격의 결격이나 상실 또는 계체에 실격함으로
   써 선언되는 승리
6. 반칙승 - 주심의 반칙패를 선언했거나 상대 점수의 감점이 -3점인 경우
   선언되는 승리

제19조 위험한 상태

1. 강한 타격으로 인해 발바닥을 제외한 신체의 일부분이 매트에 닿아 있을 때
2. 공격이나 방어의 의사 없이 비틀거리고 있을 때
3. 강한 타격으로 인해 주심이 경기를 계속할 수 없다고 판단할 때
4. 강한 던지기 공격으로 인해 의식이 혼미하거나 호흡 곤란을 심하게 느낄 때

제20조 위험한 상태에 대한 조치

1. 정당한 공격으로 인해 상대 선수가 위험한 상태를 보일 때 주심은 다음
   의 조치를 취한다.
   (1) '그쳐'로 상대 선수를 먼 거리에 위치하게 하고 큰 소리로 '열'까지 1
      초 간격으로 세며 이를 수신호로 알린다.
   (2) 주심은 계수 도중 위험한 상태에 처한 선수가 경기 의사를 표시하여
      도 여덟을 셀 때까지 선수를 쉬게 하여 회복을 확인한 후 경기를 속
      행한다.
   (3) 계수 도중 시간이 종료하여도 계수는 계속한다.
   (4) 양 선수가 동시에 위험한 상태에 처한 경우 한 명이 위험한 상태에
      있는 한 계수는 계속한다.
   (5) 두 선수가 동시에 위험한 상태에 처해, '열'을 셀 때까지 경기 의사
      표시를 못 할 경우, 위험한 상태에 처할 때까지의 점수로 승패를 결

정한다.

(6) 주심은 선수가 위험한 상태에 이르렀다고 판단되면 계수 없이 또는 계수 도중이라도 승패를 결정할 수 있다.

2. 사후 조치

경기 도중 경미한 부상이라도 선수가 고통을 호소할 시 임석 의사에게서 진단을 받아야 하며 심각한 부상으로 중상의 경우, 즉시 가까운 종합병원으로 후송하여야 한다.

제21조 경기 중단 상황의 처리

부상으로 인해 경기가 잠시 중단되었을 시 주심은 다음과 같은 조치를 취한다.

1. 주심은 경기를 중단시킨 후 '계시'로 경기시간을 정지시킨다.
2. 1분 이내 치료는 허락하며 경상임에도 1분이 경과하도록 경기 속행 의사를 표하지 않으면 패자로 한다.
3. 1분이 경과하여도 경기 진행이 불가할 경우 반칙행위에 의한 경우는 반칙자를 패자로 한다.
4. 두 선수가 동시에 쓰러져 1분이 경과하도록 경기 진행이 불가할 경우 부상 시까지의 점수로 승패를 결정한다.
5. 한 선수라도 위험한 상태나 의식을 잃은 상태에서는 주심은 경기를 종료시키고 응급처치를 명할 수 있다. 이때 부상의 원인이 자기 자신에게 있으면 패자가 되며 부상이 반칙행위에 의한 경우 가격자를 패자로 하며 반칙행위가 아닌 정상적인 경기 진행 중에 일어난 상황에서는 경기 불능자를 패자로 한다.
6. 경기 도중 선수가 발병하여 경기를 할 수 없을 시 발병자를 패자로 한다.

제22조 심판원

1. 자격 - 본 협회에 등록된 심판 자격증 소지자로서 대회전 당 대회 경기 규칙 강습회 수료자로 한다.
2. 임무
1) 주심
  (1) 주심은 원칙적으로 장내에 있으면서 경기의 주도권을 가지며 진행 및 판정권을 독자적으로 행사할 수 있다.
  (2) 득점이라고 판단되면 즉시 표출하여야 한다.
  (3) 경기 결과가 동점이거나 무득점의 경우, 우세 기준에 의해 승패를 결정한다.
  (4) 득·감점 상황이 기록판에 정확하게 표기되어 있는지 수시로 확인하여야 한다.
2) 부심
  (1) 부심은 주심을 보좌하며 경기장 밖에 정해진 위치에 있어야 하며 득점이라고 인정되면 즉시 표출한다.
  (2) 주심이 의견을 물으면 본인의 의견을 진술한다.
3. 판정의 책임 - 심판판정은 절대적이며, 소청위원회에 대하여 책임을 진다.
4. 복장 - 심판원은 협회가 지정한 복장을 착용하여야 하며, 경기에 방해가 되는 물건은 휴대할 수 없다.

제23조 책임

주심과 부심이 다수결의 원칙에 따라 결정하여 내린 모든 조치와 그 집행은 절대적이며 누구나 그 권한에 이의를 제기할 수 없다.

만일 주심의 실수로 패자에게 승리를 선언하였다면 이 경우 두 명의 부심은 주심에게 오판을 시정하도록 요구해야 하며 주심이 양 선수에게 경기결과를 선언한 후 경기장을 떠나 버리면 그 선언을 변경할 수 없다.

제24조 기록원

경기시간, 정지시간 등을 계측하고 득, 감점 기록을 표출한다.

제25조 심판원 구성 및 배정

1. 심판원 구성은 다음과 같다.
   3심제 – 주심 1명, 부심 2명

2. 심판원 배정
1) 심판원 배정은 대진표 작성 후 한다.
2) 자기 선수의 경기에 심판으로 배정할 수 없으나 인원이 부족할 시 예외로 한다.

제26조 본 규정에 명시되지 아니한 사태의 처리

본 규정에 명시되지 아니한 사태의 발생 시 다음과 같이 처리한다.

1. 경기에 관한 사태는 해당 경기 심판원이 상의하여 그 결과에 따라 처리한다.
2. 경기 이외의 사태발생 시 집행위원회나 그 대리인이 처리한다.

제27조 소청

1. 소청위원회는 대회 개최 전에 다음과 같이 구성한다.
   1) 자격: 소청위원은 기술심의회위원 또는 합기도 6단 이상의 경험이 풍
      부한 인사로 구성한다.
   2) 구성: 위원장 1인과 10인 이내의 위원으로 구성한다.
      (최소한 5명 이상의 구성과 반드시 홀수로 구성한다.)
   3) 구성절차: 위원장 및 위원은 사무장의 제청에 의하여 회장이 위촉한다.
2. 책임
소청위원회 소청심의에 의해 판정에 대한 정정 및 비위 관계자에 대한 징
계 처분을 하여 사무국에 통고한다.
3. 소청심의 절차
   1) 판정에 이의가 있을 시 소청신청서를 경기 종료 후 10분 이내에 제출
      하여야 한다.
   2) 소청위원회의 심의·의결은 과반수로 결정한다.
   3) 소청위원은 필요 시 해당 심판을 참고인으로 할 수 있다.
   4) 소청위원회 의결은 최종적이며 절대적이므로 이의를 제기할 수 없다.

대회 요강

Ⅰ. 대회개요

1. 대회명: 국제 합기도 무술대회

2. 대회일정:

3. 장소:

4. 대회주최, 주관: (재)재남무술원·국제연맹합기도

5. 대회목적: 국제대회를 통한 합기도·흔기도·흔검도인의 화합과 무술인 들의 기량 발전에 기여함에 우선적인 목적이 있으며 본 무술의 종주국 으로서 위상을 정립하고 세계에 보급된 본 무술을 체계화시키는 데 그 최종적인 목적이 있다.

6. 시상 및 특전

구 분	시 상		종 목
개인전	1위	메달 상장	※격기도법(겨루기) ※높이낙법 ※멀리낙법 ※발차기 ※호신도법
	2위		
	3위		
단체전	1위	상장, 메달 트로피	합기도 A, 합기도 B, 한기도
	2위		
	3위		

Ⅱ. 출전대상 및 선수신청

1. 출전기준: 본 법인의 회원(유단자)에 한함

2. 출전신청: 우편접수나 방문접수

1) 주소: (우)449 – 862 경기도 용인시 처인구 백암면 가창리 552 – 1
  사무국 ☎ 031)334 – 3368 ~ 9 팩스 031)334 – 4968

2) 접수 마감일: 원활한 대회준비를 위해 마감일 준수

Ⅲ. 경기개요

1. 단체전
연무 시간: 4 ~ 5분 이내
인원 구성: 10명 이상
단 10명 이내로 구성하여, 출전해도 무방하나 감정규정 적용
연무 내용: 각 도장에서 수련하는 모든 기법을 자유 연출하되, 호신술은 반
       드시 5수 이상 시연되어야 한다.
▶합기도 A팀 기준: 출전 선수 평균연령 14세 이하로 구성된 팀
 (구성방법＝총 출전자 합산 나이÷출전 인원＝평균 나이)
▶흔기도 B팀 기준: 출전 선수 평균연령 14.1세 이상으로 구성된 팀
▶ 흔기도: 한기도 12기법 중 자유로운 창작기법 표출
 (국내 1, 2, 3위 팀은 외국팀과 다시 한 번 시연하여 순위를 결정)

2. 개인전
1) 격기도법(겨루기) 초등부(저), 초등부(고), 남자 초등부(여자) 총 24체급

2) 호신도법(호신술)

▶합기도: A종목과 B종목의 술기는 총 6수로 하며 시간은 2분으로 제한
출전 선수는 공격자, 낙법자 구분 없이 2명 출전(동시 시상)

① A종목 – 술기: 손목수, 방권술, 무기방어술
부별: 초등부(저), 초등부(고), 중등부, 고등부,
일반부(남자부 – 남녀혼성포함)
② B종목 – 술기: 의복수, 방족술, 무기방어술
부별: 초등부(저), 초등부(고), 중등부, 고등부,
일반부(남자부 – 남녀혼성포함)
③ 여자부 – 술기: 손목수, 방권술, 무기방어술(A종목)
(여자＋여자) 부별: 초등부(저) 초등부(고), 중등부, 고등부, 일반부 예시)
A종목인 경우 '가' 선수가 3수(손목수 1수, 방권술 1수, 무기방어술 1
수) 술기 후, '나' 선수가 3수(손목수 1수, 방권술 1수, 무기방어술 1수)
술기 시행
– 통합 채점

▶흔기도 ① 남자부: 초등부, 중등부, 고등부, 일반부(남자부 – 남녀혼성포함)
② 여자부(여자＋여자), 초등부, 중등부, 고등부, 일반부
제한시간 2분, 술기는 6수로 제한. 출전자는 공격자, 낙법자 구분 없이
2명 출전(손목수, 의복수, 방권술, 방족술, 무기방어술) 중 자유 선 시행
자(한기도 1～6번 중 3수) 후 시행자(한기도 7～12번 중 3수)
시) '가' 선수가 3수(손목수, 의복수, 방권술, 방족술, 무기방어술 중 자
유 선택하여 1～6번 중 3수) 시연 후, '나' 선수가 3수(7～12번 중 선택
3수) 시연

3) 수족도법(발차기)
초등부, 앉아 돌려 차기, 중단 서서 돌려 차기, 상단 서서 돌려 차기(연속)

전환점프 돌려 차기(걸어 떠서 돌려 차기, 450° 돌려 차기)

중, 고, 일반부 앉아 돌려 차기, 중단 돌려 차기, 상단 돌려 차기(연속)

전환점프 돌려 차기(걸어 떠서 돌려 차기, 450° 돌려 차기)＋자유 묘기 3종

* 발차기는 기력, 시행 후 균형성, 정확성 여부로 채점

4) 낙법(기록)

① 높이 낙법(기록) 초등부, 중, 고등, 일반부

② 멀리 낙법(기록) 초등부, 중, 고등, 일반부

(출전규정)

개인전은 1종목만 출전 가능
(예시) 남자 중등부 호신도법출전자는 수족(낙법)도법출전불가

★ 최대 출전: 단체전 1회, 개인전 1회 출전 가능

초등부 격기도법 규정 요약서

득점	■치기: 몸통 보호대(명치 표시 부분)를 정확하게 가격하여 상대에게 충격을 주었을 때(1점) ■ 차기: 발을 이용하여 등과 낭심을 제외한 전 부위 공격 가능(1점) ▶ 앉아 돌려 차기(하단 차기)는 1회전에 2회 이내만 가능 　(3회 이상일 경우 주의, 경고, 감점 순으로 벌칙 적용) ■ 던지기: 정확한 던지기 술기를 사용하여 한 발 또는 두 발이 지면에서 떨어져서 넘어질 때(1점) ■ 꺾기: 서 있는 상태(중심이 무너지지 않은 상태)에서 정확한 꺾기(1점)
감점 -1 점	▶쓰러진 상대 가격 ▶박치기, 목 조르기, 무릎으로 얼굴 가격 ▶정지 선언 후 계속 공격 ▶고의로 뒤통수, 등 부위 공격 ▶고의로 장외로 나가기 ▶낭심 공격 ▶주먹으로 얼굴 치기 공격
주 의 경 고	▶보호 장구 잡기, 엄살 부리기, 등을 보이며 피하기, 경기 지역 외로 나가기 ▶선수 자신이 득, 감점을 시위하는 행위 ▶선수나 지도자의 바람직하지 못한 행위 등
벌 칙	벌칙은 경고, 감점, 반칙패로 구분한다. ▶고의로 무릎, 팔꿈치, 주먹으로 얼굴 공격 시 반칙패로 한다. ▶경고 2회 이후 경고는 감점으로 전환 처리된다. ▶1회 감점 이후 재경고 시 반칙패로 한다. ▶경고와 감점은 전 회전을 통산한다. ▶주의 및 경고 1회는 득, 실점과 관계가 없다.
채 점	▶득점 즉시 채점되어야 하며 채점된 점수는 즉시 표출되어야 한다. ▶득점은 주, 부심 3인 중 2인 이상이 동시 인정할 때 유효하다.
우 세 판 정	▶감점에 의한 동점일 경우 득점이 많은 쪽이 우세 ▶우세의 기준은 경기의 주도권으로 한다. ▶무득점, 무실점, 동점일 경우에는 30초 연장에 선득점제(先得點制)를 적용하며, 그 후에도 무승부일 경우 체중이 3심 우세승 자를 승자로 선언한다.
기 타 상 황	▶경기가 중단된 때에는 계시도 중단한다. ▶1분 이내의 치료는 허용한다. ▶경상인 선수가 대전 의사가 없을 경우 패자가 된다. ▶금지 행위에 의한 대전 불능일 경우 반칙패를 선언한다. ▶사고로 인해 대전 불능일 경우는 그때까지의 점수로 판정한다. ▶경기시간은 남녀 공통 2분 2회전, 1분 2회전, 휴식 30초 등으로 하되 경기위원회의 협의를 통해 시간을 조정할 수 있다. ▶경기 운영 중 지정된 경기 구역 이내에는 선수, 경기 및 심판 위원, 코치 외에는 출입을 일체 금지한다. ※본 경기 규정은 요약 서식이므로 자세한 사항은 심판 교육 시 질의 바람

★머리, 몸통, 낭심, 보호대 지급 / 팔, 정강이 보호대는 개인지참을 원칙으로 함

국제 H.K.D 무술대회

개인전 선수등록 신청서

호신술 · 발차기 · 낙법

출전 종목	종목(숫자로 표기)				
부별	/			소속(관)지부	
소속	체육관명			관장 성명	
	전화번호	(체육관)		(휴대폰)	
	성명	(한글)		(영문)	
인적사항	주민등록번호			생년월일	
	주소				
	전화번호	(자택)		(휴대폰)	
	현단				
	학교명			학년 / 반	학년 반

상기 본인은 국제 H.K.D 무술대회에 출전함에 있어 시합 도중 발생하는 신체상 사고에 대하여 민. 형사상 어떠한 이의도 제기하지 않겠으며 또한 경기규칙과 심판규정을 준수하여 심판 명령에 절대 복종할 것을 서약합니다.

2009 년　　월　　일

신청인:　　　　　　　　　(인)
보호자:　　　　　　　　　(인)
소속 관장:　　　　　　　(인)

※ 첨부: 소단증 사본 1통 또는 주민등록 초본 1부 첨부

국제 H.K.D. 무술대회 대회장 귀중

국제 H.K.D 무술대회
격기도법 선수등록 신청서

출전 부문	초(저)　　/　　초(고)　　/ 여자부　　(선택하여 ○ 표시할 것)			
체급	급		소속(관)지부	

소 속	체육관명		관장 성명	
	전화번호	(휴대폰)		
	성명	(한글)	(영문)	

인 적 사 항	주민등록번호		생년월일	
	주소			
	전화번호	(자택)	(휴대폰)	
	현단			
	학교명		학년/반	학년 반
	몸무게	(　　)kg (　　)g　※ 백g 단위까지 표시		

상기 본인은 국제 H.K.D 무술대회에 출전함에 있어 시합 도중 발생하는 신체상 사고에 대하여 민, 형사상 어떠한 이의도 제기하지 않겠으며 또한 경기규칙과 심판규정을 준수하여 심판 명령에 절대 복종할 것을 서약합니다.

2009년　　월　　일

신청인:　　　　　　　(인)
보호자:　　　　　　　(인)
소속 관장:　　　　　　(인)

※ 첨부: 소단증 사본 1통 첨부

H.K.D. 국제무술대회 대회장 귀중

선수등록 신청서(단체전)

체육관명:＿＿＿＿＿＿ 지도자:＿＿＿＿＿＿ 연락처:＿＿＿＿＿＿

출전종목:＿＿＿＿＿

순 번	성명	학교	학년 / 반	나이	현단	비고
1						
2						
3						
4						
5						
6						
7						
8						
9						
10						
11						
12						
13						
14						
15						
16						
17						
18						
나이 전체 합계			평균 연령			

★ 신분확인 가능한 단증사본 또는 주민등록초본 1부 소지 바랍니다.

상기 본인은 국제 H.K.D 무술대회에 출전함에 있어 시합 도중 발생하는 신체상 사고에 대하여 민, 형사상 어떠한 이의도 제기하지 않겠으며 또한 경기규칙과 심판규정을 준수하고 심판 명령에 복종할 것을 서약합니다.

2009년 월 일 지도자:＿＿＿＿＿＿인

국제 H.K.D. 무술대회 대회장 귀중

선수등록 신청서

출전종목: 호신술종합 종목(지도자 기재용)

체육관명:＿＿＿＿＿지도자:＿＿＿＿＿연락처:＿＿＿＿＿

순 번	종목	성명	학교	학년	나이	현단	비고
1							
2							
3							
4							
5							
6							
7							
8							
9							
10							
11							

★ 신분확인 가능한 단증사본 또는 주민등록초본 1부 소지 바랍니다.

2009년　　월　　일　　　　지도자:＿＿＿＿＿＿＿인

국제 H.K.D. 무술대회 대회장 귀중

선수등록 신청서(종합)

번호	선수명	종목(개인전)	종목(단체)	비고
1				
2				
3				
4				
5				
6				
7				
8				
9				
10				
11				
12				
13				
14				
15				
16				
17				
18				
19				
20				
21				
22				
23				
총계				

※ 귀 선수의 누락 방지를 위하여 반드시 기입하여 등록 바랍니다(숫자 표기).

국제 H.K.D 무술대회 대회장 귀중

경기종목

종 목	명 칭	부 별	경기방법	비 고
제1종목	합기도 호신술 A종목 (남녀혼성포함)	초등부(저)	손목수, 방권술, 무기방어술 각 1수씩 3수 표출 공격자 방어자 구분 없음 예시) '가' 선수 호신술 후(각 1수씩 3수 후 교대) '나' 선수 호신술 표출 '가' 선수 낙법 제한시간 2분 6수	1종목에서 23종목까지 중등부 고등부 같은 조 출전 시 상위 종목(고등부) 으로 편입
제2종목		초등부(고)		
제3종목		중등부		
제4종목		고등부		
제5종목		일반부		
제6종목	합기도 호신술 B종목 (남녀혼성포함)	초등부(저)	의복수, 방족술, 무기방어술 각 1수씩 3수 표출 공격자 방어자 구분 없음 예시) '가' 선수 호신술 후(각 1수씩 3수 후 교대) '나' 선수 호신술 표출 '가' 선수 낙법 제한시간 2분 6수	
제7종목		초등부(고)		
제8종목		중등부		
제9종목		고등부		
제10종목		일반부		
제11종목	합기도 호신술 여자부 (여자 + 여자)	초등부(저)	손목수, 방권술, 무기방어술 각 1수씩 3수 표출 공격자 방어자 구분 없음 예시) '가' 선수 호신술 후(각 1수씩 3수 후 교대) '나' 선수 호신술 표출 '가' 선수 낙법 제한시간 2분 6수	
제12종목		초등부(고)		
제13종목		중등부		
제14종목		고등부		
제15종목		일반부		
제16종목	한기도 호신술 남자부 (남녀혼성포함)	초등부	제한시간 2분 6수(1~6번 중) 3수 후 교대하여(7~12번 중 표출) 15종목 예시참조 손목수, 의복수, 방권수, 방족술, 무기방어술 중 자유 선택	
제17종목		중등부		
제18종목		고등부		
제19종목		일반부		
제20종목	한기도 호신술 여자부 (여자 + 여자)	초등부	제한시간 2분 6수(1~6번 중) 3수 후 교대하여(7~12번 중 표출) 15종목 예시참조 손목수, 의복수, 방권수, 방족술, 무기방어술 중 자유 선택	
제21종목		중등부		
제22종목		고등부		
제23종목		일반부		
제24종목	높이 낙법	초등부	70cm부터 10cm씩 상향도전	착지자세 위험시 심판 재량으로 퇴장 조치함
제25종목		중등부	100cm부터 10cm씩 상향도전	
제26종목		고등부	120cm부터 10cm씩 상향도전	
제27종목		일반부	120cm부터 10cm씩 상향도전	
제28종목	멀리 낙법	초등부	25cm 사각 매트 4개부터 1개씩 추가	착지자세 위험 시 심판 재량으로 퇴장 조치함
제29종목		중등부	25cm 사각 매트 5개부터 1개씩 추가	
제30종목		고등부	25cm 사각 매트 7개부터 1개씩 추가	
제31종목		일반부	25cm 사각 매트 7개부터 1개씩 추가	
제32종목	발차기	초등부	하·중·상 연속 돌려 차기 + 450° 점프 돌려 차기	정확도 스피드 착지 중심
제33종목		중등부	32종목 + 자유묘기 발차기 3종(타깃 없음)	
제34종목		고등부	32종목 + 자유묘기 발차기 3종(타깃 없음)	
제35종목		일반부	32종목 + 자유묘기 발차기 3종(타깃 없음)	

종 목	명 칭	부 별	경기방법			비 고
제36종목	단체전 4분에서 5분 사이	합기도 A팀전	평균연령 14세 이하 (팀 인원 전체 나이÷인원수)			10명 이하 감점
제37종목		합기도 B팀전	평균연령 14세 이상(팀 인원 전체 나이÷인원수)			
제38종목		한기도전	연령 국적 제한 없음			
제39종목	겨루기	초등(저) 9체급	초등(고) 9체급	여자부 6체급		1위, 2위, 3위, 3위

선수등록신청서 작성 시 유의 사항

1. 선수 일인당 개인전 1종목과 단체전 1종목만 허용합니다.
2. 모든 항목을 필히 기재하여 주시기 바랍니다.
3. 선수등록신청서를 작성하시고 단증(소단증이나 대단증) 사본을 필히 첨부하고 접수하셔야 합니다.
4. 대회 당일 모든 선수는 단증을 소지하고 오셔야 합니다.
5. 소속 칸의 도장명은 5글자로 요약해서 적어 주시기 바라며, 한 도장에서 일관성 있는 도장명을 사용할 수 있도록 지도자님께서는 선수등록신청 작성 후 확인하여 주시기 바랍니다.
6. 선수등록신청서에 체중과 체급, 종목을 명확하게 기재하여 주시고, 잘못된 기재로 인해 발생되는 문제점에 대해서는 선수 개인이나 지도자가 책임을 지셔야 합니다.
7. 체중은 안정적인 체중으로 기재하여 주시기 바라며, 오차가 인정되지 않습니다.
   지부별 개최를 허용하나 대회 당일 오차를 절대 허용할 수 없습니다.
8. 체급을 기재하실 적에는 체급표를 꼭 확인하시기 바랍니다.
9. 선수등록신청은 반드시 경기종목표를 참고하여 숫자 종목으로 표기하여 주시기 바랍니다.
10. 모든 종목 초등부(저) 1, 2, 3학년/초등부(고) 4, 5, 6학년 착오 없으시기 바랍니다.

국제 H.K.D 무술대회 조직위원회

신 체 급 소 도 표 (前)

백회
관자놀이 (현고)
천창
천용
중부
곡지
소해
장문 (밀급소)
단전
낭심
누곡
삼음교
신정
명정기점
인중
천돌
천지
곡지
수삼리
열결
태연
기문
음능천
태충

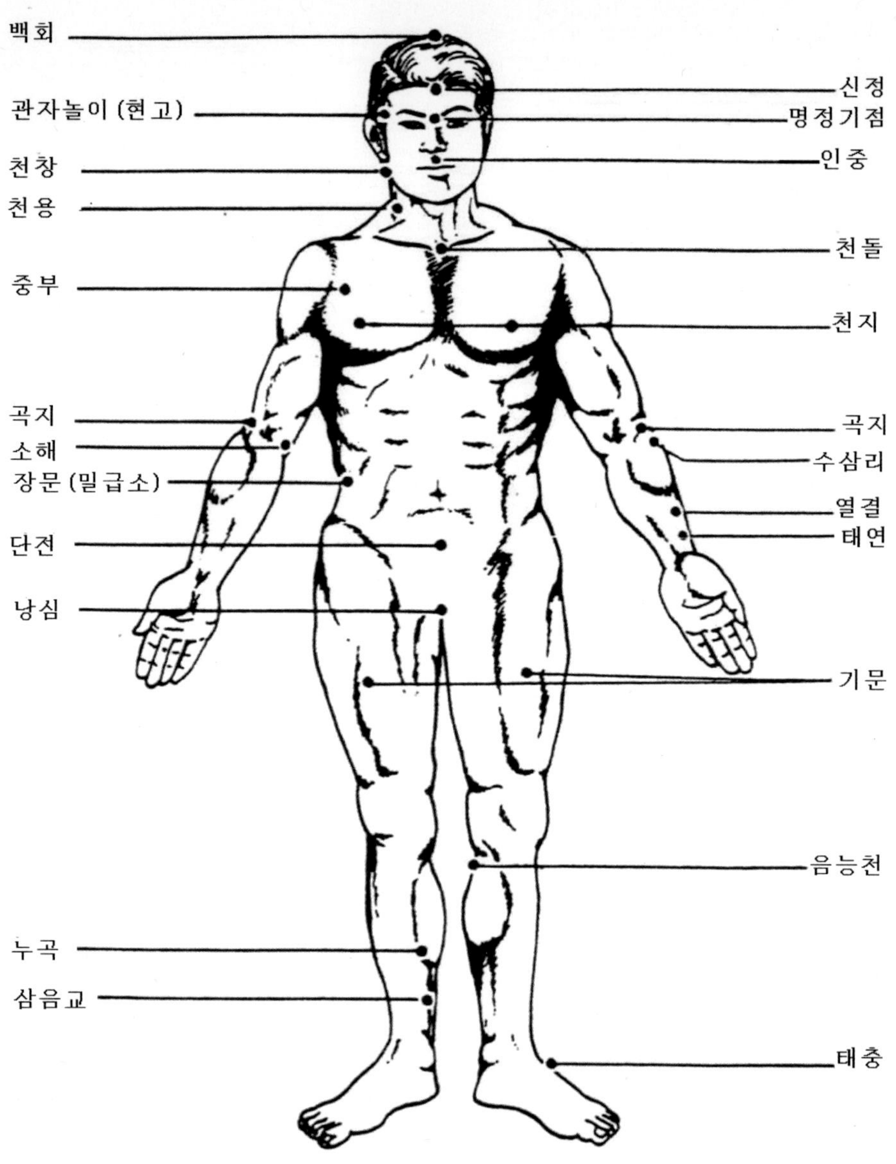

신체 급소도표 (後)

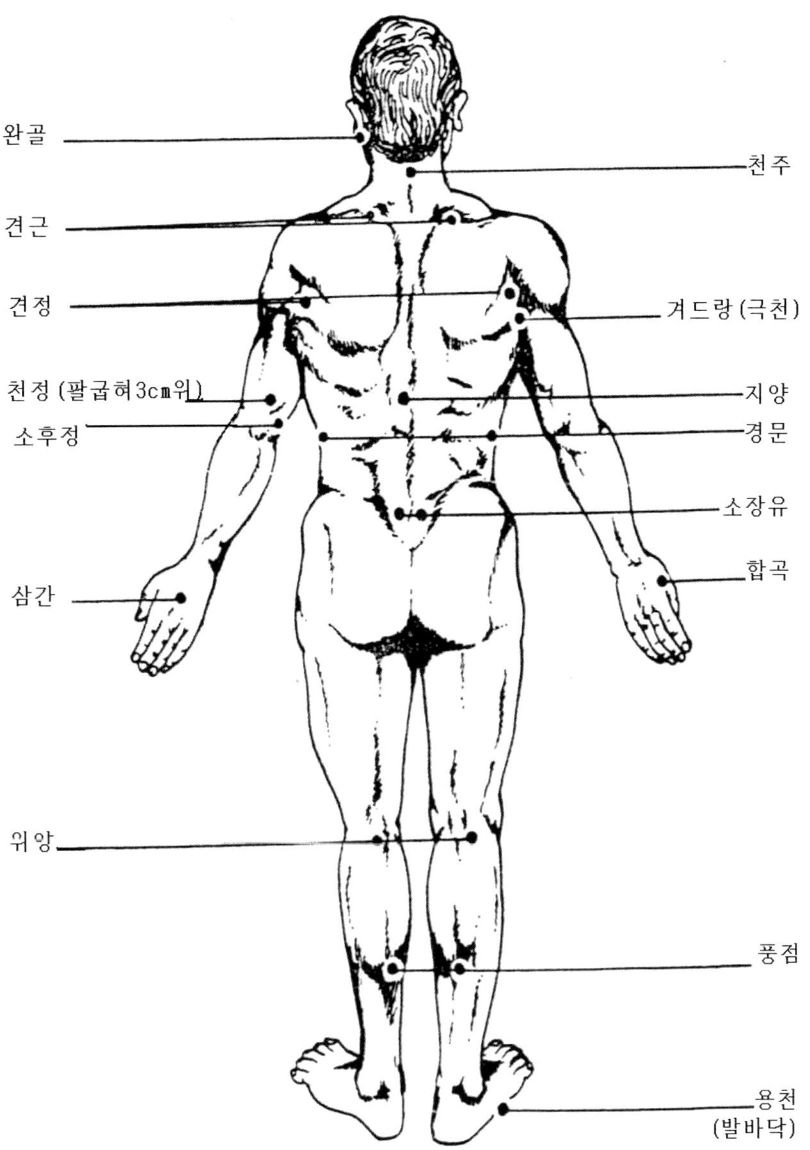

권중기 權重奇

▌약 력

인천체전 무도과 합기도 전공 졸업
남서울대학교 스포츠경영학과 졸업
국민대학교 대학원 석사 스포츠경영전공 졸업
국민대학교 대학원 박사 스포츠경영전공 졸업
전) 국제연맹 합기도 협회 서울시 사무국장
현) 국제연맹 합기도 협회 홍보부장
현) 연희 합기도 선무관 관장
현) 합기도 공인 7단

성신여자대학교, 국제디지털대학교, 국제대학, 국민대학교에서 호신술, 체육학연구법, 투기
경기, 경호유도무술, 무도경영학, 합기도 등을 강의

▌주요 논문 및 저서

「무도스포츠 도장의 경영환경(SWOT) 및 이미지 비교분석을 통한 종목별 마케팅전략」(박사
학위 논문)
「무도종목별 이미지 비교분석을 통한 합기도장 경영활성화 방안」
「델파이기법을 이용한 무도장경영 활성화 방안 연구」
「합기도 도장의 경영환경 및 6p's 비교분석을 통한 활성화 방안」
「무도장 마케팅믹스의 이미지 유사성 비교분석을 통한 포지셔닝 맵」
「무도스포츠 도장의 경영환경 및 마케팅믹스 비교분석」

『발전적인 도장경영자를 위한 지침서』

합기도 상

초판인쇄 | 2009년 12월 4일
초판발행 | 2009년 12월 4일

지은이 | 권승기
펴낸이 | 채종준
펴낸곳 | 한국학술정보㈜
주 소 | 경기도 파주시 교하읍 문발리 파주출판문화정보산업단지 513-5
전 화 | 031) 908-3181(대표)
팩 스 | 031) 908-3189
홈페이지 | http://www.kstudy.com
E-mail | 출판사업부 publish@kstudy.com
등 록 | 제일산-115호(2000. 6. 19)

ISBN   978-89-268-0607-4 14690 (Paper Book)
       978-89-268-0608-1 18690 (e-Book)
       978-89-268-0605-0 14690 (Paper Book set)
       978-89-268-0606-7 18690 (e-Book set)